Ingeborg Schober

Pop Tragödien

Die spektakulärsten Fälle von den Beach Boys
bis Nirvana

UEBERREUTER

Für Minius

ISBN 3-8000-7004-9
Covergestaltung: Ernst Meyer / Büro Y
Coverfoto: Kurt Cobain / Viennareport
Copyright © 2004 by Verlag Carl Ueberreuter, Wien
Druck: Ueberreuter Print
1 3 5 7 6 4 2

Ueberreuter im Internet: www.ueberreuter.at

Inhalt

Vorwort

»If I swallow anything evil, put your finger down my throat
and if I shiver, please give me a blanket,
keep me warm, let me wear your coat.
No one knows, what it's like to be the bad man
to be the sad man behind blue eyes ...«
(»Behind Blue Eyes«, The Who/Limp Bizkit)

Die verflixte 27 ist ein magischer Geburtstag für Popmusiker. Wer dieses Lebensjahr überstanden hat, ist vorerst auf der sicheren Seite. Ob Brian Jones, Janis Joplin, Jimi Hendrix, Jim Morrison oder Kurt Cobain – und auch viele weniger bekannte wie Gram Parsons oder Pete Ham von Badfinger: Viele starben mit 27 und wurden zu Legenden, um die sich der Mythos der »viel zu früh Verstorbenen« rankt. Von ihnen weiß man, dass ihr Leben von Ruhelosigkeit und Leichtsinn, Hedonismus und Hyperaktivität, Lebensgier und Selbstzerstörung, von einem manisch-depressiven Auf und Ab geprägt war – und auch von der Unfähigkeit, mit dem Erfolg umzugehen. Manch einer lebte ein schnelles, exzessives Leben auf der Überholspur, weil er ahnte, dass ihm nicht viel Zeit blieb – und nicht umgekehrt. Nicht umsonst gestand Falco: »Meine Midlife-Crisis hatte ich mit 27.« Die Twenty-Somethings sind nicht erst seit der Generation X eine selbstmordgefährdete Altersgruppe.

Natürlich macht der junge Tod die Tragödie noch tragischer. Doch wie tragisch ein Leben sein kann, das fast ein ganzes Jahrhundert dauert, zeigt die verwickelte Lebensgeschichte des russischen Erfindergenies und Musikers Leon Theremin (1896–1993), der die elektronische Musik begründete und zum Spielball der Weltpolitik wurde. Oder das von Beach Boy Brian Wilson, der als Einziger des ganz und gar nicht

Surf-fröhlichen Familien-Clans nach jahrelangen Therapien einen Weg fand, sich mit seinem Ich zu versöhnen. Und welche Ironie des Schicksals, wenn Nico, nach gelungener Drogentherapie, wegen eines Hitzschlags vom Fahrrad fällt und stirbt.

Ich wollte ein Jahrhundert Popgeschichte erzählen, anhand von Tragödien, die auch die jeweilige Zeit und Gesellschaft reflektieren. Manche sind an zeittypischen Tabus gescheitert, der Doppelselbstmord von Soeur Sourire und ihrer Freundin hat mit der Stellung von Kirche und Religion in den frühen 1960er-Jahren zu tun. Milli-Vanilli-Mitglied Robert Pilatus wiederum war der gnadenlosen »Hinrichtung« in den heutigen Medien nicht gewachsen, Sid Vicious und Nancy Spungen, die glücklosen Kinder der No-Future-Generation, saßen dem Mythos der Punkbewegung auf. Die zehn Geschichten dieses Buches bilden einen Bogen von 1896 bis 2004 und einige dieser Künstler wie die Beach Boys, Nico, Falco oder Kurt Cobain beeinflussen bis heute die Popmusik.
Manche Geschichten gehen in diesem Buch da weiter, wo sie in anderen aufhören, wie nach der Abblende im Film. Bisweilen sind bis über den Tod hinaus mehrere Schicksale miteinander verknüpft. Die Überlebenden werden posthum in die Tragödie mit hineingezogen (wie etwa die Kinder von Badfinger) oder profitieren sogar davon (wie etwa die Cobain-Witwe Courtney Love). Und die Biografien greifen ineinander, denn die Popwelt ist ein in sich geschlossener Kosmos, ein Stromkreislauf, in dem auch negative Energien weiterwirken und andere tangieren. Die Wege der Stars kreuzen sich oft zufällig und nach Ablauf eines Lebens gibt es gleich mehrere Opfer.
Etliche Schicksale stehen exemplarisch für andere: Die Beach Boys etwa sind genauso eine Familiengruppe wie die Jackson Five, von denen der unglückselige Michael Jackson derzeit in einem schwebenden Gerichtsverfahren steckt – ehrgeizige und künstlerisch gescheiterte Eltern trimmen ihre Kinder ohne Rücksicht auf deren Psyche zum Starruhm. Auch die gnadenlose Vermarktung von naiven Musikern

wie Badfinger oder Reißbrettgruppen à la Milli Vanilli durch gerissene Geschäftemacher mit Dollarzeichen in den Augen wiederholt sich immer aufs Neue.

Die Ursachen der Konflikte, die zur Tragödie führen, liegen bei fast allen in der Kindheit und einer unstillbaren Sehnsucht nach Liebe. Wenn der Lebenszug entgleist, ist meist auf die eine oder andere Weise die Liebe schuld, die Sehnsucht nach Liebe, der Mangel an Liebe, die Sucht nach Liebe, falsch verstandene Liebe, Selbstliebe und Selbsthass – und das ewige, oft zwanghafte Buhlen um Anerkennung. Ruhm, Geld und Drogen sind nur das Beiwerk, die Faktoren, die das Drama erhöhen und ihm im Gegensatz zum Scheitern Normalsterblicher Glamour verleihen. Die größten Helden versagen im Alltag und im Privatleben, siehe den fast heilig gesprochenen Spenden-Apostel »Sir« Bob Geldof, der mit seiner Eifersucht in seiner Familie eine Tragödie auslöste. Oder der zutiefst empfundene Verrat wie bei Falco, dem ein »Kuckuckskind« untergeschoben wurde.

Natürlich gäbe es noch mindestens 30 weitere, ähnliche Schicksale zu erzählen, aber eben ähnliche; auch sie gingen um Liebe, Drama, Kunst und Wahnsinn. Meine Auswahl ist bewusst eine subjektive, die auf mehreren Kriterien basiert. Deshalb spielte dabei nicht unbedingt Bekanntheitsgrad oder künstlerischer Stellenwert eine Rolle, sondern eine Lebensgeschichte, die nicht nur die Musikwelt bewegte, ich wollte Pechvögel auf der schiefen Bahn des Lebens zeigen, die zum Spielball des Schicksals oder unter einem schlechten Stern geboren wurden und bis heute die Gemüter erregen. Manche kennt kaum einer wie Leon Theremin (aber viele kennen seine Nachfolger wie Moog); manche sind fast vergessen wie Badfinger (im Gegensatz zu ihrem Welthit »Without You«); andere sind so noch nie erzählt worden wie etwa das Vorleben von Milli Vanilli. Einige der Stars, deren trauriges Ende ich hier schildere, habe ich persönlich kennen gelernt, mit Falco oder Bob Geldof etwa habe ich lange Gespräche geführt.

In letzter Zeit wird der Begriff »Wahrheit« im Zusammenhang mit Enthüllungsbüchern reichlich überstrapaziert, wobei das Wort Wahrheit allein nicht auszureichen scheint und mit Attributen wie die »goldene«, die »ganze«, die »ultimative« verstärkt wird. Aber die Wahrheit über schillernde Stars ist und bleibt eine trügerische. Die meisten haben ab einem bestimmten Zeitpunkt ihrer Karriere ein Image-gerechtes Leben mit vorfabrizierten Biografien und medientauglichen Lebenslügen gelebt. Was ist also die Wahrheit? Selbst die intensivsten Recherchen bringen eines nicht zutage – die bitteren und schäbigen Momente des Todes, in denen sie alle mit ihrer Verzweiflung und ihren Ängsten allein waren.

»What a wicked game to play to make me feel this way
What a wicked thing to do to make me dream of you
What a wicked thing to say you never felt this way
What a wicked thing to do to make me dream of you
No, I don't wanna fall in love
(this world is only gonna break your heart)
... Nobody loves no-one.«
(»Wicked Game«, Chris Isaac)

Ingeborg Schober

Leon Theremin

Die elektronische Odyssee

(Lev Sergeyevich Termen: 1896–1993)

Leon Theremin und sein Instrument

Nur wenige haben die Popkultur des 20. Jahrhunderts so nachhaltig beeinflusst wie Professor Leon Theremin. Und vermutlich hat keiner einen höheren Preis dafür bezahlen müssen wie das russische Genie. Was wir heute als elektronische Popmusik von Synthi-Pop bis Techno kennen, wäre ohne den begabten Cellisten Leon Theremin und sein elektro-akustisches Ätherwellengerät nicht denkbar. Seit den 1960er-Jahren, seit der Pionierzeit der elektronischen Musik, nennt man sein Instrument – den Therminvox oder Aetherophon – einfach Theremin. Sein schicksalhaftes Leben war mit der Geschichte des 20. Jahrhunderts, dem Kommunismus und Kapitalismus, den beiden Großmächten Russland und USA auf tragische Weise verknüpft. Und es war abenteuerlicher, als es sich jeder Hollywood-Autor für eine James-Bond-Folge auszudenken vermag. Theremin war ein musikalischer Held – und ein Spion.

Theremin wurde am 15. August 1896 als Lev Sergeyevich Termen in St. Petersburg geboren. Seine Vorfahren stammten von den rebellischen Albigensern aus Frankreich ab, die sich im 13. Jahrhundert dem Papst widersetzten. Viele flohen nach Russland, wo sich die Gruppe Théremin nannte, im übertragenen Sinn »die Reinigung der Seele«. Unter jenen, die 1793 nach St. Petersburg kamen, waren Rebellen, Mönche, Priester, Künstler und Philosophen. Viele nahmen ein schreckliches Ende in Kriegen, Aufständen, durch Hinrichtungen, waren Flüchtlinge mit einem harten Schicksal, eines, das sich auf seltsame Weise für Lev wiederholen sollte. Sein Großvater war Physiker am Hof des Zaren, sein Vater Sergei Emilievich Theremin ein angesehener Anwalt, die adelige Mutter Yevgenia Antonova Orzhinskaya, polnisch-russischer Herkunft, galt als Liebhaberin der Musik und der Künste. Das Familienwappen bestand aus Lilien und einer Krone, einem Schild, auf dem die Insignien von Jesus Christus von zwei Olivenzweigen gekrönt wurden. Das mittelalterliche Motto der französischen Vorfahren stand auf einem Band: »ne plous, ne moeins« – »nicht mehr, nicht weniger.« Lev wuchs wohl behütet im zaristischen Russland auf, die Eltern, die jüngere Schwester Helena Sergeyevna und die Großeltern lebten in einer noblen 5-Zimmer-Wohnung in der Nicolayevska Straße 50 in St. Petersburg. Lev war sehr wissbegierig und an mechanischen Dingen interessiert. Oft stöberte er mit seinem Vater auf dem Flohmarkt und konnte mit sieben Jahren bereits dessen goldene Uhren reparieren. Vor allem aber faszinierte ihn das neue Phänomen Elektrizität. Er bekam Klavierunterricht und lernte mit neun Jahren auch das Cello. Er liebte Musik, aber die ewige Überei nervte ihn, weil er nicht ausdrücken konnte, was in ihm vorging: »Mir wurde klar, da klaffte eine Brücke – zwischen der Musik selbst und der Reproduktion von ihr – ich wollte beides verbinden.« Diese Vision sollte einen Großteil seines Lebens bestimmen. Der begabte Gymnasiast durfte im Schullaboratorium experimentieren, richtete sich zuhause ein eigenes, kleines mit optischen Apparaturen ein und im Gemüsegarten des elterlichen Sommerhauses ein Observatorium. Dort entdeckte er mit 15 Jahren einen neuen Stern, womit er die Astronomische Gesellschaft beeindruckte. 1914 schloss Lev das Gymnasium mit der Silbernen Medaille ab und begann ein Doppelstudium: das eines Physikers und Mathematikers und das eines Cellisten am Konservatorium von St. Petersburg.

Mit Beginn des 1. Weltkriegs wurde St. Petersburg 1914 zu Petrograd und 15 Millionen junge Männer wurden eingezogen. Der renommierte Professor Ioffe bewahrte Lev vor seinem Fronteinsatz. So kam er an die Militär-Ingenieurs-Schule in Petrograd und wurde zu Kriegszwecken auf dem Gebiet der noch jungen Radiotechnik vereinnahmt. Mit der Abdankung von Zar Nikolaus II. am 15. März 1917 und der »Oktoberrevolution« kamen die Bolschewiki und ihr Führer Lenin an die Macht und die Hauptstadt wurde nach Moskau verlegt. Lev, der wegen seiner adeligen Abstammung nun ein Volksfeind war, überlebte die Kriegswirren als Radiotechniker der Roten Armee und Ingenieur und Konstrukteur eines Volkskommissariats für Post und Telegrafie. Prof. Ioffe heuerte ihn für das neu gegründete Polytechnikum an, eine Geheimeinrichtung für militärische Forschung und Entwicklung. Solange es nach Lenins Wünschen lief, hatten sie dort nichts zu befürchten.

Lev experimentierte mit Röntgenaufnahmen, Hypnose, atomaren und molekularen Strukturen.

Bei seinen Studien über elektromagnetische Wellen zum Zwecke der Weiterentwicklung des Radios fand er heraus, dass der menschliche Körper wie eine Antenne funktioniert, wenn er in ein radiomagnetisches Feld gerät. Kunstinteressiert wie er war, machte er aus diesem »Nebenprodukt« seiner Arbeiten das erste funktionstüchtige, elektronische Musikgerät, das ohne Tastatur arbeitete – quasi eine reale Variante der »Luftgitarre«. Das futuristisch anmutende Instrument Aetherophon war monophon, also nur in der Lage, einen Ton zur selben Zeit zu spielen. In den Höhen klang es wie die Nachahmung einer Geige, in den Tiefen eher wie ein Cello.

Im November 1920 präsentierte Lev Termen seine Erfindung bei einem Konzert, ein Jahr später meldete er das russische Patent dafür an. Im März 1921 wurde er zu einer Privatvorführung für Lenin in den Kreml gebeten. Lenin, der schon 1918 gesagt hatte, dass die Elektrizität Gott ersetzen würde, dass die Bauern sie anbeten sollten, »denn sie werden die Macht der Obrigkeiten durch sie zu spüren bekommen, mehr als die Macht des Himmels«, wollte den begabten Techniker kennen lernen. Lev: »Ich hatte Angst, aber er war ein netter, kleiner, freundlicher Mann – er hat mich wie einen Sohn behandelt.« Lev führte auch seinen »elektrischen Wachmann« vor, ein Alarmsystem, das losging, wenn man sich dem geschützten Gegenstand näherte. Lenin gab daraufhin eines seiner Lieblingsbonmots zum Besten: »Sozialismus ist Sowjetmacht plus Elektrizität.«

Lev Termen ging in Lenins Auftrag auf Propagandareise durch die Sowjetunion. Zum Auftakt der Tournee organisierte er ein ambitioniertes Programm mit Tanz, Musik und Licht – ein Vorläufer späterer Multimediashows – und die Presse nannte ab da das Aetherophon »Termens Stimme« oder einfach nur Termenvox.

Nach Lenins Tod am 21. Januar 1924 wurde Stalin der neue Machthaber und die Zustände im Land verschlechterten sich noch mehr. Lev hatte seinem Studienfreund Alexander Pavlovich Constantinov einen

Job im Institut besorgt und kümmerte sich um die seit der Oktoberrevolution verarmte Familie. Alexanders Schwester Katia verliebte sich in ihn. Sie heirateten am 24. Mai 1924 und zogen zu Levs Eltern. Im September bekam Lev eine Patentnummer für seinen Termenvox und sein Alarmsystem wurde inzwischen in Hochsicherheitszonen eingesetzt wie etwa in der Staatsbank Gosbank und dem GOHRAN. Dort lagerten Tonnen beschlagnahmter Kirchengüter aus Gold, Silber, Diamanten und Juwelen.

Das Fernsehen befand sich damals im Frühstadium und wurde zu Levs neuem Forschungsgebiet. Gleichzeitig baute Prof. Ioffe bei Auslandsreisen kommunistische Kontakte im Ausland auf. Deutschland schien nach dem 1. Weltkrieg besonders gut für diese Operation geeignet. Ioffe verkaufte deshalb Termens Patente auch an M. J. Goldberg und Söhne GmbH in Berlin, die die Sowjetunion mit medizinischem Gerät belieferte. 1925 wurde Lev Termen auf seine erste Berlinreise geschickt. Er reichte dort in der amerikanischen Botschaft die schriftliche Bitte um ein Patent in Amerika ein und nannte sich fortan Leon Theremin. Stalin erkor den Kosmopoliten, der Französisch und Deutsch sprach, zum künstlerischen Diplomaten, der mit seinem Termenvox und einer Künstlertruppe das Ausland bereisen und um Sympathie für sein Land werben sollte. Damit er sich nicht absetzen würde, musste Ehefrau Katia als Faustpfand zuhause bleiben.

Theremin trat in Berlin, Frankfurt, London und Paris auf, lernte Künstler und Wissenschaftler kennen. Er war ein Showman, der gern Prominente für Fotos vor den Apparat lockte, die ihn ausprobieren durften. In der englischen Presse hieß es, er habe für seine Erfindung in Amerika die Summe von 50.000 Dollar angeboten bekommen. Die befristeten Visen für Amerika wurden am 25. November 1927 für Theremin und seinen Geschäftspartner Goldberg ausgestellt. Vor der Amerikareise durfte Katia zu ihrem Mann nach Paris, der bereits im März für weitere London-Konzerte zurückkehren sollte.

Leon Theremin kam am 20. Dezember 1927 an Bord der »Majestic« in

Ellis Island, New York, an. Interessanterweise hatte er sich als »Single« in den Bordpapieren eingetragen. Es waren die wilden 20er-Jahre und in den New Yorker Jazzkneipen pulsierte das Leben. Alle wollten sich amüsieren, über die Stränge schlagen, Neues ausprobieren. Für Theremin war das aufregend und inspirierend und das optimale kulturelle Klima für seine musikalischen Visionen. Eine kommunistische Zeitung in Amerika beschrieb ihn damals so: »Er sieht wie ein Junge aus, groß, schlank, hellbrünettes Haar, schmaler Schnurrbart, blaugraue Augen, ein Künstler- und nicht Wissenschaftlergesicht ...« Da noch keine sowjetische Botschaft in den USA existierte, schlug er sein Hauptquartier im Hotel Plaza Annex auf. Nach seinem Auftritt in der Metropolitan Opera am 31. Januar 1928 wurde er bei Berühmten, Wissenschaftlern und Exil-Russen herumgereicht, gab bei der Firma RCA eine Privatvorführung für deren Ingenieure und Mitarbeiter. Inzwischen waren seine Erfindungen, das Alarmsystem und der Theremin, in den USA patentiert und Rudolf Wurlitzer sponserte eine Amerikatournee.

Im Mai bat er das Polytechnikum in Russland schriftlich um eine zwei- bis dreimonatige Verlängerung seines USA-Aufenthalts, seine Frau sollte per Schiff nach New York kommen. Mittlerweile hatte er 30 Musikschüler und gab, den amerikanischen Kommunisten zuliebe, am 21. Juli ein Konzert für 25.000 Arbeiter im Coney Island Stadium mit einer Balletttruppe, die orientalische und russische Tänze aufführte. Dabei spielte er Musik von Wagner, Tschaikowsky, Meyerbeer und Rubinstein. Katia traf eine Woche später mit einem begrenzten Besuchervisum in New York ein. Doch das Verhältnis der beiden hatte sich abgekühlt und als Katia einen Job in New Jersey bekam, zog sie dort alleine hin.

Denn Leon Theremin hatte sich in die junge, begabte und schöne Cellistin Clara Reisenberg verliebt, die sich während der politischen Unruhen in Russland mit ihrer älteren Schwester Nadia nach Europa abgesetzt hatte. 1928 lernte sie über die russische Gemeinde Theremin kennen und besuchte ihn im Plaza Hotel. »Ich traf diesen faszinierenden Mann und hörte in der Luft diese ätherischen Klänge. Er war so charmant und interessant.« Fast noch mehr faszinierte sie aber das Instrument Theremin und sie beherrschte es auf Anhieb wie von Geisterhand. Zu ihrem 18. Geburtstag überraschte sie Theremin mit einer magischen Torte. »Es war eine Geburtstagstorte mit elektrischen Kerzen, die sich nach dem Theremin-Prinzip von allein zu drehen begann, wenn ich näher kam. Und dann feierten wir im Ritz. Er liebte elegante Plätze.«

Ende der 1920er-Jahre erlebte die Börse einen ungeahnten Höhenflug, selbst das einfache Volk war im Aktienfieber. Die RCA-Aktie stieg allein in diesem Jahr von 85 Punkten auf 420, die Firma baute 500 Exemplare des so genannten RCA-Theremin. Er kostete 129,85 Dollar, denn das Ziel war »ein Theremin in jedem Haus, für jedermann, als gängiges Hausmusikinstrument«. Entsprechend irreführend war die RCA-Werbung, die dem Käufer suggerierte, der Apparat würde wie eine Art Musikbox auf Handbewegung irgendein gewünschtes Musikstück spielen. Leon Theremin lernte die Gesetze der freien Marktwirtschaft schnell – zu schnell – und sah sich schon als reicher Mann. Er verkaufte separate Patentverträge in aller Herren Länder und verlor bald den Überblick über seine Verträge, Vorschüsse, Beteiligungen, Tantiemen und Optionen. Eine besondere Bedeutung bekam ein Geschäftsunternehmen von ihm in Panama, damals eine der wichtigen Operationsbasen eines kommunistischen Spionagerings, um amerikanische Militäreinrichtungen in der Kanalzone zu infiltrieren. Theremins Firma transportierte sensible Papiere nach New York. Ein riesiges Firmengeflecht entstand mit Bankkrediten, in das viele Mitglieder der kommunistischen Partei involviert waren. Sie betrieben wiederum Konten, über die sie durch komplizierte Transaktionen die Gelder zu Spionagezwecken lenkten. Doch der überhitzte Börsenmarkt stand kurz vor dem Zusammenbruch, der »Schwarze Freitag« am 25. Oktober 1929 sollte Unmengen von Firmen und Kleinaktionäre in den Konkurs treiben und eine weltweite Wirtschaftskrise auslösen. Die offizielle Einführung des Gerätes Theremins am 23. September 1929 auf der Radio World's Fair in New York war von Theremin her also denkbar ungünstig, auch wenn das »Instrument der Gefühle«, wie sein Erfinder es nannte, erst einmal als Novität Furore machte.

Anfang 1930 begann Theremin ein sonntägliches Radioprogramm, bei dem er meist persönlich live spielte, klassische Stücke von Chopin bis Rachmaninow. Das legendäre Ziegfeld Theatre mit seinen berühmten Tänzerinnen studierte eine Theremin-Nummer ein, auch die Marx Brothers führten kurzfristig einen Sketch damit auf. Hollywood-Stars wie Charlie Chaplin schafften sich einen Theremin an und die ersten 78er-Platten erschienen mit dem Theremin als Hauptinstrument. Er hielt überall Einzug – auf Schulparties, in Clubs, Theatern, in der Kirche, bei großen Festen, Umzügen und Benefizbällen. Theremin träumte nach wie vor von einem reinen Theremin-Orchester und trat mit einer neunköpfigen Truppe als Ten Victor Theremins im April 1930 in der Carnegie Hall auf.

Trotz seines ersten Tantiemen-Schecks war der Erfinder Ende 1930 so gut wie pleite und verschuldete sich immer mehr. Denn inzwischen kämpfte RCA ums Überleben, das Gerät verkaufte sich nicht und Vorläuferpatente anderer Erfinder und Musiker zogen kostspielige Rechtsstreitigkeiten nach sich. RCA gefror Theremins Gelder komplett ein. Das Ehepaar Lucie Bigelow Rosen – sie Gesellschaftsdame und Studentin in Theremins Orchester, er ein Anwalt und Bankier – wurden seine Mäzene, als sie in Theremins Hotel Erfindungen wie das drahtlose Mikrofon entdeckten. Sie boten ihm eines ihrer Stadthäuser in Manhattan für eine niedrige Miete an. Im Dezember 1930 eröffnete er in dem vierstöckige Gebäude an der 37 West 54. Straße sein »Theremin Studio«.

Lucie Rosens Ambition war es, in Theremins Haus einen Salon einzurichten, einen Treff für Avantgarde-Künstler, und bald gingen Musiker wie Tommy Dorsey, Benny Goodman, Glenn Miller und George Gershwin aus und ein. Theremin gründete mit Musikern und Tänzern ein experimentelles Multimedia-Ensemble für ähnlich funktionierende, elektronische Saiteninstrumente, die allein durch Bewegungen elektronische Musik- und Lichtimpulse auslösten. Auch Clara Reisenberg gehörte dazu. Der Erfinder hatte eine Drehscheibe für Tänzer entwickelt, das so genannte Terpsitone. Darauf stehend sollten sie mit der kleinsten Fingerbewegung Musikimpulse auslösen, doch es erforderte solche Körperkontrolle, dass es kaum einer schaffte. Beryl Campbell, damals Tänzerin in seinem Ensemble, dazu:»Er versuchte mithilfe unserer Körper eine Melodie zu kreieren. Schon wenn man einen Finger bewegte, veränderte man den Sound. Schwierig.«

Theremins Visum wurde zwar zum achten Mal verlängert, doch er musste Erfolge vorweisen, denn im Kreml interessierte man sich nicht für künstlerische Experimente, sondern für gute Auslandsgeschäfte. Er war gezwungen, kommerzielle Dinge zu erfinden, und deshalb ständig auf der Suche nach dem Goldenen Ei. Viele Ideen waren unausgegoren, aber sehr visionär, wie etwa die drahtlose Schreibmaschine, mit der man über lange Distanzen Botschaften verschicken konnte, also eine Art Faxgerät, ein portables Fernsehsystem, sogar die Idee eines Vorläufers des Internets und der elektronischen Post gehörten zu seinen Projekten. Nach der Entführung und Ermordung von Charles Lindberghs Baby im März 1932 entwickelte er unter anderen einen Babyalarm, ein Einbruchsalarmsystem für Läden und Heimtresore, die automatische Tür, elektronisch gesteuertes Spielzeug, eine impulsgesteuerte Schaufensterbeleuchtung, einen Metalldetektor, eine Sprinkleranlage, Verkehrswarn- und Autopilotsysteme für Autos, Züge und Schiffe, die alle auf dem Prinzip der unsichtbaren, elektromagnetischen Lichtschranke basierten. Für alle Erfindungen gründete er mit verschiedenen Geschäftspartnern diverse Firmen. Die US-Regierung beauftragte ihn mit einer Alarmanlage für amerikanische Gefängnisse, zuerst für das ehemalige Militärgefängnis Alcatraz Island bei San Francisco, später erarbeitete er ein Sicherheitssystem für das Sing Sing Gefängnis in Ossining, New York.

1933 heiratete Clara zu seiner großen Enttäuschung den Anwalt Robert Rockmore, den sie seit ihrem 14. Lebensjahr kannte. Im Jahr darauf eröffneten in Washington und New York die sowjetischen Botschaften und ab da stand Leon Theremin ständig unter Beobachtung russischer Agenten. Jede Woche musste er sich in einem schäbigen Café an der Fifth Avenue mit zwei Konsulatsangestellten treffen. Sie nötigten ihn, schon frühmorgens Wodka zu trinken. »Ich fand heraus, dass man nicht so schnell betrunken wird, wenn man vorher reine Butter schluckt. Ich habe bis zu einem halben Pfund davor hinunter- gewürgt.« Man zwang ihn zur Industriespionage, »es ging um Flug- zeugbau, doch die meisten Informationen waren fast jedem zugäng- lich, also nicht wirklich geheim.«

1935 bewarb sich die 18-jährige schwarze Kunststudentin Grace La- vinia Poole Williams für das neu gegründete American Negro Ballet. Sie kam aus Philadelphia, hatte irisch-afroamerikanische Vorfahren, sprach sechs Sprachen und war sehr belesen. Sie hatte seit ihrer Kind- heit Ballettunterricht und bekam ein Stipendium an der New York Art Students League für Malerei und Aktzeichnen. Der Ballettgründer Von Grona befasste sich mit dem Terpsitone und Lavinia schaffte es einigermaßen, damit umzugehen. Leon Theremin verliebte sich in sie. Anfang 1938 beschlossen Lavinia und Leon heimlich zu heiraten: Er war 41, sie 21. Die Sowjets waren einverstanden, also wurden in der Botschaft die Papiere für die Eheschließung ausgestellt, nicht aber im Standesamt von New York registriert. Damals bekam ein Ausländer durch eine Ehe nicht automatisch die amerikanische Staatsbürger- schaft. Doch die Ehe stand von Anfang an unter einem ungünstigen Stern. Gemischtrassige Ehen waren im damaligen Amerika ein abso- lutes Tabu und viele Freunde und Gönner wandten sich von Theremin ab. »Ich habe ihn unendlich geliebt«, so Lavinia, »er war ein so be- gabter Mann ... und er hatte diese wundervollen, blauen Augen.«

Später erklärte Theremin, er und Lavinia hätten auf Kinder verzich- tet, denn sie wären amerikanische Staatsbürger geworden, »und ich träumte davon, in die Sowjetunion zurückzukehren«. Der Gedanke, in Amerika endlich die Zelte abzubrechen, war verlockend. There- mins Zeit in Amerika war geborgte Zeit auf ein auslaufendes Visum. Er war ins Visier des FBI geraten und war längst vom Kapitalismus enttäuscht, kämpfte mit enormen Finanz- und Steuerproblemen und hatte Heimweh. Zur gesellschaftlichen Ächtung wegen seiner Ehe mit Lavinia kam auch, dass die Rosens nicht mehr auf ihre Mietrückstände warten wollten und ihn baten, das Haus zu räumen. Die Nachrichten aus Moskau wiederum klangen auch nicht beruhigend. Einige Freunde von ihm waren als »Verräter« hingerichtet worden, Stalin herrschte mit stählerner Hand. Doch Theremin hatte die Hoffnung, dass er als Träger amerikanischer Industriegeheimnisse problemlos in seinen alten Job bei Prof. Ioffe im Polytechnikum zurückkehren könnte. Was ihm fehlte, war nicht nur das Geld für die Heimreise, sondern absurderweise ohne gültige Papiere auch ein offizieller Weg. Ersteres beschaffte er sich durch ein Geschäft mit den Rosens, die für 10.000 Dollar eine Genehmigung für den Bau der Theremin-Geräte zu Privatzwecken erwarben und als einzige über seine geplante Ausreise eingeweiht waren. Letzteres regelte der russische Geheimdienst, der seine Agenten mit gefälschten Papieren auf eigenen Frachtschiffen ein- und ausschmuggelte. Die Mitreise seiner Frau Lavinia hatte man jedoch abgelehnt, sie sollte später folgen. Deshalb dachte sie, die »zu ihrem eigenen Schutz« nicht in seine Pläne eingeweiht war, automatisch an eine Entführung, als am Donnerstag, den 15. September 1938 Theremin zuhause von einer Eskorte von Männern abgeholt wurde. »Ich war im Studio, als sie kamen, um ihn nach Russland zu bringen. Er bat mich, ihm nicht zu folgen, und ich sollte auch nicht versuchen, mit ihm Kontakt aufzunehmen.« Theremins New Yorker Freunde waren über sein Verschwinden schockiert, denn mit ihm waren auch alle Geräte, Instrumente, Pläne und Papiere verschwunden.

Sein Abreisetermin war wohl kein Zufall, denn an diesem Tag wurden die Schlagzeilen von den weltweit dramatischen, politischen Veränderungen beherrscht. Alles sah nach einem 2. Weltkrieg aus. Viele Schiffsreisen nach Europa wurden abgesagt, die Passagen storniert. So pompös und glamourös Theremins Ankunft in New York gewesen war, so still und geheim war sein Abschied und so enttäuschend seine Ankunft in Leningrad.

Es war nicht mehr die Stadt und das Land, das er verlassen hatte. Er war in die Falle gegangen. Fast alle seine alten Kontakte waren in Ungnade gefallen, verschleppt, verschollen, getötet. Wer noch da war, stand unter strenger Überwachung und musste mit dem gleichen Schicksal rechnen. Für sie alle war Leon Theremin ein heißes Eisen, er bekam keine Arbeit, hatte kein festes Zuhause. Der NKWD, Vorläufer des KGB, hatte ihn längst in seinen Fängen. Am 10. März 1939 wurde Theremin vom Geheimdienst verhaftet und kam in das berüchtigte Moskauer Gefängnis Butyrka. Sein ganzes Hab und Gut wurde beschlagnahmt. »Ich wurde Tag und Nacht verhört«, es gab Foltermethoden wie Schlafentzug und Hunger. Ohne Prozess wurde »Lev S. Termen als Mitglied einer konterrevolutionären Vereinigung« zu acht Jahren Konzentrationslager im schlimmsten GULAG verurteilt, das es gab, in Kolyma, Magadan, in der Tundra, wo 400.000 Gefangene unter unmenschlichen Umständen in der Goldmine schufteten. Er hatte Glück im Unglück, dass er im Straßenbau und nicht in der Mine beschäftigt wurde, wo manche nur ein paar Monate überlebten. Zu seinem Erstaunen befanden sich fast alle Mitglieder der Leningrader und Moskauer Philharmoniker unter den Gefangenen, mit denen er bald für die Aufseher Konzerte organisierte: »Wir spielten Ravels ›Bolero‹.«

1940 wurde er nach Moskau zurückgebracht und arbeitete fortan in einer Art Luxusgefängnis mit anderen Wissenschaftlern, Ingenieuren und Technikern an Geheimprojekten für das Militär. Nachdem am 22. Juni 1941 Hitler die Sowjetunion überraschend angriff, wurde Theremin dem Team seines Ex-Professors Ioffe unterstellt, der an der Entwicklung einer russischen Atombombe arbeitete.

In den USA versuchten die Freunde um Clara Rockmore vergeblich, den verschollenen Erfinder ausfindig zu machen. Theremins Nochimmer-Ehefrau Lavinia trat mit der renommierten Katherine Dunham Company in den Filmen »Stormy Weather« und »Carnival Of Rhythm« auf und hatte alle Hoffnung aufgegeben. »Ich dachte, er wäre seit Jahren tot, und das war sehr schwer für mich.« 1948 heiratete sie ihren langjährigen Verehrer Shannon Yarborough, bekam die Töchter Sharron und Sara und eröffnete eine Kinder-Tanzschule in Brooklyn. 1953 wurde sie nach Haiti eingeladen, um mit der National Folklore Troupe zu arbeiten, und gründete dort das Haitianische Institute Of Folklore And Classic Dance. Ihr Mann folgte ein Jahr später, aber die Ehe ging schief. Sie ließen sich scheiden, blieben jedoch ein Leben lang gute Freunde.

Es war eine unglaubliche Ironie des Schicksals, dass ausgerechnet in diesen dunklen Jahren Theremins, als der Physiker in Russland als verschollen galt, sein Instrument in Hollywood Furore machte. Es begann mit dem Hitchcock-Thriller »Spellbound«, für den der Filmkomponist Mikos Rozsa einen Oscar bekam. 1945 setzte Rozsa den Theremin erneut für Billy Wilders »The Lost Weekend« ein. Und Regisseur Robert Siodmak verwendete ihn für die Musik zu seinem Film »The Spiral Staircase«. Unzählige folgten wie »The Fountainhead«, »Impact«, »Devil Weed«, »Let's Dance« oder »The Day The Earth Stood Still«. Die irrwitzigste Szene dazu lieferte der US-Komiker Jerry Lewis in seinem Film »Delicate Deliquent«.

Unter den Langspielplatten, die mit Theremin-Musik erschienen, war das Album von Harry Revel/Leslie Baxter »Perfume Set To Music« mit Platz 7 in den Billboard-Charts besonders erfolgreich. In den 1990er-Jahren erlebte der Theremin in Musik und Film eine wahre Renaissance: Die überirdischen Töne geisterten durch die Soundtracks der Science-Fiction- und Katastrophenfilme von Roland Emmerich und Steven Spielberg, in »Ed Wood« war er ebenso zu hören wie 1996 in »Mars Attacks«. Bands wie Portishead, Père Ubu, Tesla oder Ex-Talking-Head David Byrne bedienten sich daraufhin ebenfalls des exotischen Instruments.

Während man ihn im Westen für tot hielt, entwickelte Theremin für Stalins Geheimdienst die größte Waffe des Kalten Krieges – die »Wanze«. Sie wurde in der amerikanischen Botschaft in Moskau getestet, später wurden damit unter anderem Gespräche von Churchill mit

Roosevelt und Eisenhower abgehört. Der Professor wurde dafür mit dem Stalin-Preis, der höchsten Auszeichnung des Landes, geehrt und am 27. Juni 1947 zum freien Mann erklärt, aber seine Akte war damit längst nicht geschlossen. Der Preis beinhaltete 20.000 Dollar und eine Zweizimmerwohnung in der Moskauer Wohnsiedlung Leninsky. Doch sein Pass galt nur für Moskau, er durfte weder nach Leningrad reisen noch offiziell Post bekommen. Seine Familie hatte seit 1938 nichts mehr von ihm gehört. Auch ansonsten war die Freiheit trügerisch: Er bekam keine Arbeit, seine musikalischen Forschungen waren ihm untersagt. Deshalb kehrte er freiwillig zum Geheimdienst zurück. Auch die Bitte, endlich seine Frau Lavinia einreisen zu lassen, wurde abgelehnt. Stattdessen legte man ihm eine neue Ehe mit einer Frau aus der Organisation nahe. Er entschied sich für die jüngste und hübscheste, die 26-jährige Maria Feodorovna Guschina. Am 24. Juni 1948 wurden die Zwillingsschwestern Helena und Natalia geboren und seine kränkelnde Frau verließ die Organisation.

Nach Stalins Tod am 5. März 1953 kam Chruschtschow an die Macht. Theremin musste sich erneut anpassen, um zu überleben. Der NKWD, der mittlerweile zum MWD umbenannt wurde und seit 1954 KGB hieß, blieb weiterhin sein Arbeitgeber. Obwohl Theremin am 14. Oktober 1957 völlig rehabilitiert wurde, durfte er sich weder mit seiner Familie in Verbindung setzen noch bekam er seine Zeugnisse, Unterlagen und Papiere. Damit war er eine anonyme Person ohne Chancen auf ein eigenständiges Leben – und er wurde weiterhin beschattet. Da seine Erfindung, die Wanze, die schlimmste Krise des Kalten Krieges zwischen Amerika und der UdSSR ausgelöst hatte, war nun auch der amerikanische Geheimdienst hinter ihm her. Denn der CIA war 1952 auf die Lauschangriffe in der amerikanischen Botschaft in Moskau gestoßen.

Im Mai 1962 besuchte Clara mit ihrem Ehemann Robert Russland und erfuhr auf einem Empfang, dass Theremin noch lebte. Weil eine offizielle Besuchserlaubnis zu lange gedauert hätte, wurde ein Geheimtreffen in einem Moskauer U-Bahnhof arrangiert, wo man sie nicht abhören konnte. Der Mann, der ganz Moskau mit Überwachungsapparaten überzogen hatte, war nun das Opfer seiner eigenen Erfindungen und zum Schweigen verdonnert.

»Abschied« vom KGB bedeutete ein Leben als Pensionär in Einsamkeit. Doch mit 68 war Theremin so rüstig, dass er unbedingt zurück zur Musik wollte. Und er fing bei Null wieder an: Er publizierte Schriften über elektronische Musik, die seit Stalin in Russland brachlag, und arbeitete mit Studenten am Musikkonservatorium. Im Frühjahr 1967 fand Harold Schonberg, Musikkritiker der »New York Times«, bei einem Besuch des Moskauer Musikkonservatoriums heraus, dass Theremin noch lebte und wurde von ihm begeistert durch sein Labor geführt, wo er viele der seltsamen Apparaturen mit kindlicher Freude erklärte. »Er ist ein lebhafter, redseliger Mann von 71 ... und verhält sich wie das Klischee des zerstreuten Professors.« Als Schonbergs Artikel am 26. April 1967 in der »New York Times« erschien, erregte er vor allem bei Theremins noch lebenden Freunden und Kollegen großes Aufsehen. Theremin stieg auf die lebhafte Korrespondenz ein, weil er sich als freier Mann fühlte.

Doch die musikalischen Begriffe und Namen der Instrumente, die in diesen Briefen fielen, waren der russischen Obrigkeit völlig fremd und führten zu dem Schluss, Theremin würde eigene Geheimprojekte im Musikkonservatorium durchführen und an die Amerikaner verkaufen. Diese fatale Schlussfolgerung kostete Theremin abermals die Existenz. Er wurde auf der Stelle entlassen, das gesamte Labor samt Geräten zerstört.

Doch der alte Mann gab nicht auf. Er richtete sich ein neues Labor in seiner Zweizimmerwohnung ein, rekonstruierte die Geräte und begann Studenten privat zu unterrichten.

Der in Russland isolierte Professor hatte keine Ahnung, dass zu diesem Zeitpunkt der Moog Synthesizer die Musikwelt revolutionierte, ein völlig neuartiges elektronisches Musikgerät, das auf der Erfindung seines Theremins basierte. 1949 hatte der 15-jährige Schüler Robert

Moog aus Flushing, New York, in der Zeitschrift »Radio And Television News« einen Artikel mit Bauanleitung für einen Theremin entdeckt. Moogs Vater war Elektroingenieur und aktiver Hobbybastler. Wie Theremin studierte Robert Moog Theorie und Piano, ging 1952 ans College und gründete 1954 seine Firma R. A. Moog Company und verkaufte selbstgebaute Theremins. Nach seinem Universitätsabschluss lernte er den Universitätsprofessor Herbert Deutsch kennen. Gemeinsam entwickelten sie die Grundideen zum ersten Synthesizer.

1965 begann Moog mit der Synthesizer-Produktion und entwickelte speziell für den Komponisten John Cage ein Gerät. 1966 wurde der Moog-Mitarbeiter Paul Tanner von Brian Wilson und den Beach Boys engagiert, um auf dem Song »Good Vibrations« den Theremin zu spielen. Die Beach Boys kauften bei Moog einen Theremin, der für eine Tournee so präpariert werden musste, dass Mike Love ihn auf dem Song spielen konnte – auch zu sehen in dem Film »The Beach Boys: An American Band«. Die Heavy-Metal-Band Led Zeppelin setzte ihn auf dem Stück »Whola Lotta Love« und in ihrem Film »The Song Remains The Same« ein. So hielt der Theremin Einzug in die Popmusik, obwohl bereits das neueste, viel einfachere Gerät, der Moog, zur Verfügung stand. 1967 nannte Moogs Firma das neue Instrument zum ersten mal »Synthesizer« und Moog-Mitarbeiter Sear eröffnete sein eigenes Studio, in dem er das Instrument für viele richtungsweisende Platten programmierte. Bereits 1969 besaßen Bands wie The Rolling Stones, The Byrds und The Monkees ihren eigenen Moog-Synthesizer, in Deutschland waren es Kraftwerk, Florian Fricke, Eberhard Schoener und Tangerine Dream. Im August 1969 organisierte das Museum Of Modern Art in New York in seiner »Jazz In The Garden«-Reihe ein Moog-Konzert. Es fand unweit des alten Theremin-Studios statt und 31 Jahre, nachdem Theremin diese Straßen zum ersten Mal betreten hatte, um eine elektronische Musikära einzuläuten.

Am 30. Juni 1970 starb Theremins Ehefrau Maria mit 49 Jahren an einer Herzschwäche. Inzwischen stand er seinem Cousin Mikhail sehr nahe, der ebenfalls seine Frau verloren hatte. Dessen Tochter, ihr Ehemann und deren beide Töchter lebten ebenfalls in der gemeinsamen Wohnung. Leon kam oft zu Besuch, baute für die Mädchen Kinder-Theremins und unterrichtete sie, vor allem die neunjährige, begabte Lydia. Ihre Eltern wandten sich schließlich an das Zentralkomitee der Kommunistischen Partei wegen einer eigenen Wohnung für Theremin, der seine mit fünf Personen teilte.

Anfangs wurde Theremin ein Notquartier der Moskauer Universität zugewiesen, das er für seine Arbeit nutzte, später ein Einzimmerapartment in einem Sozialbau ohne Küche und Bad. Als 1986 Michail Gorbatschow die »Perestroika« einleitete und für freie Wahlen plädierte, erklärte Leon Theremin in einem Zeitungsartikel, das Wohnungsamt hätte ihm mitgeteilt, er müsste sich noch fünf oder sechs Jahre gedulden, »nicht gerade beruhigend, wenn man bereits 92 Jahre alt ist«.

Am 21. August 1987 starb in New Jersey auch Theremins erste Ehefrau Katie mit 83 Jahren. Ihrem ältesten Bruder Alexander hatte sie gestanden: »Ich habe ihm verziehen.«

Im März 1989 fanden die ersten freien Wahlen in der Sowjetunion statt und Theremin durfte im Sommer zu einem Symposium namens »Synthesis '89« nach Frankreich reisen. Der »Doyen der Elektronik« trat dort mit seiner Tochter Natalia auf. Doch bei Interviews gab er sich mehr als reserviert. Kurz darauf verstarb auch Lavinia am 19. Juli 1989 mit 73 Jahren unter ungeklärten Umständen. Es hieß, es sei ein Herzinfarkt gewesen. Aber bei einem Einbruch kurz zuvor in ihrer Wohnung war das Fotoalbum verschwunden. In einer anderen Erklärung hieß es, »es sei Nierenversagen aufgrund einer Lebensmittelvergiftung« gewesen. Seltsamerweise verstarb auch ihr Ex-Mann kurz darauf »an einer Lebensmittelvergiftung«.

Theremin konnte Lavinia nie vergessen. Sie hatte im September 1974 von Clara in New York erfahren, dass Leon noch lebte und ihm geschrieben. 1988, ein Jahr vor ihrem Tod, gestand Lavinia ihrer engen Freundin und Schülerin Diana Dunbar: »Wir schreiben uns wieder. Er hat sogar eine neue Heirat vorgeschlagen.« Wie alle Lieben in Theremins Leben führte auch diese Beziehung zu keinem Happy End.

1990 traf sich John Chowning, Direktor des Doreen B. Townsend Center for Computer Research in Music and Acoustics an der Standford University in Moskau mit Theremin und lud ihn zum bevorstehenden 100. Jubiläum der Universität im September 1991 nach Kalifornien ein. Auch der Filmemacher Steven M. Martin aus New York kam nach Moskau, um diverse Szenen für eine geplante Dokumentation mit Leon Theremin zu drehen. Er träumte davon, Leon auch in New York zu filmen und den Erfinder an die alten Stätten seines Wirkens zu bringen und mit noch lebenden Freunden zusammenzuführen. Die Standford University verschaffte daraufhin Theremin das nötige Visum und übernahm die Reisekosten. Ende September 1991 traf er mit seiner Tochter Natalia, der Enkelin Olga und etlichen russischen Künstlern ein. Theremin war weiterhin äußerst verschwiegen, nur seine Tochter gab zu, dass vor Gorbatschow diese Reise »undenkbar« gewesen wäre. Am 27. September trat Theremin im Alter von 95 Jahren mit seiner Tochter im Frost Amphitheater live auf, tags darauf nahm er an einem Symposium neben Robert Moog teil.

Am 4. Oktober reisten alle nach New York, das Theremin seit seiner Ausreise 1938 nicht mehr gesehen hatte. Es war eine berührende Zeitreise. Clara Rockmore (sie starb am 10. Mai 1998), war anfangs gegen ein Treffen, wollte ihn so in Erinnerung behalten, wie er vor 29 Jahren in Moskau war. Doch dann lud sie ihn doch zum Tee in ihre Wohnung in der 57. Straße ein, die sich in 30 Jahren kaum verändert hatte, und spielte für ihn auf dem Theremin. Professor Leon Theremins Nichte Lydia Kavina, heute eine gefragte Theremin-Interpretin, trat 1992 im Hamburger Thalia Theater in »Alice« von Robert Wilson mit Musik von Tom Waits auf. Am 2. November 1993 hatte Steven M. Martins Dokumentation »Theremin: An Electronic Odyssey« auf BBCs Channel 4 Fernsehpremiere. Der Erfinder sollte das Endergebnis nie sehen. Er verstarb einen Tag darauf friedlich im Schlaf und nahm die meisten Geheimnisse seines verwickelten Lebens mit ins Grab. Dieses liegt auf dem Moskauer Friedhof Kuncevskoye. Auf dem Marmorstein steht nur: TERMEN, Lev Sergeyevich, 28. VIII 1896–1993, 3. XI.

Soeur Sourire

Eine singende Nonne gerät aus der Bahn

(Jeanne-Paule Marie Deckers: 1933–1985)

Soeur Sourire mit ihrer Gitarre

Soeur Sourire ist tot – sie ist tot, es wurde Zeit. Ich sah ihre Seele auf einem fliegenden Teppich durch die Wolken fliegen ...« – Wie kommt eine bis dahin unbeschwerte und unbescholtene Nonne, die unter dem Künstlernamen Soeur Sourire mit ihrem fröhlichen Chanson »Dominique« 1963 die internationalen Hitparaden erobert hatte, dazu, solche Textzeilen für ein Lied zu schreiben? Auch wenn man aufgrund ihres tragischen Todes 1985 versucht ist zu glauben, sie hätte bereits damals, 1967, Selbstmordgedanken gehegt, ist das pure Spekulation. Die »lächelnde Nonne« oder die »singende Nonne«, wie sie in die Geschichte der Popmusik einging, wollte damit vielmehr eine weitere ihrer Alias-Figuren, eines ihrer Pseudonyme, begraben, um unter dem neuen Namen Luc Dominique ein neues Kapitel ihres kurzen und dennoch sehr bewegten Lebens aufzuschlagen. Denn später heißt es im Text:

»Soeur Sourire ist tot – sie ist tot, es wurde Zeit ... ich habe meine Mitmenschen um die Erlaubnis gebeten, mich weiter zu entwickeln, geweiht unter ihnen zu leben, in Shorts oder Kleidern, Blue Jeans und Pyjama ...«

Jeder dieser sehr unterschiedlichen Lebensabschnitte fand unter einem anderen Namen statt. Man könnte also durchaus behaupten, die Frau hatte keine wirkliche Identität – oder vielmehr, sie hatte ihre Identität schon geopfert, als sie ins Kloster eintrat.

Ihr richtiger Name war Jeanine (Jeanne-Paule Marie) Deckers. Geboren wurde sie am 17. Oktober 1933 in Brüssel als Älteste von vier Geschwistern – Hubert, Edgard und Madeleine. Ihr Vater Lucien war Konditormeister und die Mutter Gabrielle Hausfrau. Sie hatten 1932 geheiratet, er mit 29, sie mit 20. Die wohlbehütete Kindheit endete für Jeanine, als die Nazis im Nachbarland Deutschland an die Macht kamen. Ihr Vater Lucien befürchtete zurecht, dass auch der wallonische Teil Belgiens darunter leiden würde. Also machte er sich zu

Beginn des deutschen Westfeldzuges mit seiner Familie nach Frankreich auf, in der Hoffnung, die Franzosen würden der Übermacht der deutschen Wehrmacht länger standhalten. Doch als sie endlich in Paris ankamen, war auch dieses bereits von den Deutschen besetzt.

Vater Lucien, der als Mitglied der Résistance im Untergrund gegen die Nazis kämpfte, ließ seine Familie in Paris oft allein, die sich dort bis Ende des Krieges 1945 mehr schlecht als recht über Wasser hielt. Danach kehrten die Deckers wieder nach Belgien zurück. Jeanine, die mit ihren zwölf Jahren bereits alle Schrecken, die ein Krieg mit sich bringt, erlebt hatte, machte in Saint Henri nahe Brüssel ihren Schulabschluss.

Die introvertierte Jeanine hatte schon sehr früh ein zeichnerisches und malerisches Talent gezeigt und kehrte 1953 nach Paris zurück, um sich dort an einer Kunstschule als Zeichenlehrerin ausbilden zu lassen. Danach unterrichtete sie bis 1959 an einer Mädchenschule in ihrer Heimatstadt Brüssel.

Was in diesem Jahr zu einem extremen Bruch in ihrem Lebenslauf und einer völlig neuen Orientierung führte und sie dazu brachte, dem Dominikanerinnenorden von Fichermont bei Waterloo beizutreten, ist bis heute nicht eindeutig zu klären. Bis dahin hatte sie keinerlei Anzeichen überzeugter oder schwärmerischer Religiosität gezeigt. Auch ihre Familie war offenbar nicht sonderlich religiös geprägt. Aus finanzieller Not heraus geschah es ebenfalls nicht und es wird auch von keinem spirituellen Schlüsselerlebnis berichtet, das sie zu diesem Schritt bewegte.

Doch sie war verlobt und war offenbar bitter enttäuscht, als der Verlobte sie sitzenließ. So liegt am ehesten nahe, dass sie tatsächlich wegen einer unglücklichen Liebe ins Kloster flüchtete. Dafür spricht, dass sie Mitte der 1960er-Jahre in einem Interview Folgendes eingestand: »Ich bin nicht gegen die Ehe, aber die meisten Ehen, die ich kenne, sind deprimierend … ich bin mir sicher, dass auch unsere Ehe nicht funktioniert hätte, wenn ich meinen Verlobten geheiratet hätte. Ihm fehlte eine gewisse Abenteuerlust.«

Gleichzeitig erklärte sie in diesem Interview auch noch: »Vielleicht heirate ich ja einen netten Dominikanerpriester und wir bekommen Dominikanerbabies. So unwahrscheinlich, wie das klingt, ist das gar nicht.«

Ihre Art von Humor war manchmal so seltsam, dass die Leute oft nicht wussten, ob sie es ernst meinte oder sich über ihr Gegenüber lustig machte. Deshalb hielten sie die einen für etwas einfältig, die anderen für eine Zynikerin. In Wirklichkeit war sie wohl nur eine Träumerin.

Im Kloster wurde sie zu Schwester Luc-Gabrielle – auch dazu existieren zwei Erklärungen. Der ersten nach nannte sie sich einfach nach den Vornamen ihrer Eltern, der zweiten nach – und wesentlich romantischeren Version nach – war es der Vorname ihres verflossenen Verlobten.

Im Konvent herrschten damals noch strenge Regeln, die Nonnen durften zum Beispiel nur selten miteinander reden. Doch Luc-Gabrielle hatte ihre Gitarre mitgebracht und unterhielt sich und ihre Mitschwestern mit religiösen Liedern, anfangs sehr zum Ärger der Mutter Oberin. Doch bald hatte Luc-Gabrielle deren Segen, da zur Tradition des Ordens auch die Jugendarbeit gehörte, und die junge Schwester bei Treffen mit jungen Mädchen das kirchliche Liedgut pflegte. Irgendwann fing sie an eigene Lieder zu komponieren, darunter auch das aufmunternde Chanson »Dominique«:

»Dominique, Dominique, der zog
fröhlich in die Welt, zu Fuß und ohne Geld.
Und er sang an jedem Ort immer wieder Gottes Wort ...
Ohne Pferd und ohne Wagen zog er durch Europa hin,
denn die Armut war ihm heilig, sie war seines Lebens Sinn ...«

Domingo de Guzman hatte 1215 den Bettelorden der Dominikaner gegründet, der durch Predigt und Unterricht die dem Papsttum feindlich gesinnten Albigenser »zurück auf den rechten«, also papsttreuen

Kurs bringen sollte. Er wurde später heilig gesprochen. Luc-Gabrielle beschrieb in ihrem Lied »Dominique« fröhlich und beschwingt das Leben des »mutigen und braven Heiligen«. Natürlich wies sie dabei weder auf die Rolle des Ordens in den blutigen Kriegen gegen die Albigenser oder gar auf die führende Rolle der Dominikaner während der Inquisition hin. Kritik an der Kirche prägten erst ihre späteren Texte.

Als sie ein Plattenstudio für eine kostenlose Aufnahme fand, machte sie der Schwester Oberin eine Single des Liedes zum Geschenk. Diese beschloss, mit der Platte Geld für die Missionarsarbeit des Ordens in Afrika zu sammeln, obwohl sie sich später sehr abfällig über den Song äußerte – »zu kavaliersmäßig und oberflächlich«. In der »Newsweek« wurde sie später gar so zitiert: »Der heilige Dominik wurde hier mit plumper Vertraulichkeit und mit einem Anflug von Impertinenz abgehandelt.« Im Verlauf der Zeit wurde klar, dass das Verhältnis der beiden Frauen von Anfang an großen Spannungen unterlag.

Auf Umwegen bekam der holländische Plattenkonzern Philips die Single zu hören, erkannte das Verkaufspotenzial und nahm die singende Nonne unter Vertrag. Zurecht witterte man dort einen neuen Hit, denn religiöse Popschlager und klerikale Chansons schienen nach dem Erfolg von »Danke für diesen guten Morgen« von Jesuitenpater Père Duval der neueste Trend zu sein und standen entsprechend hoch im Kurs. Das ging Hand in Hand mit der kirchlichen Öffnung: Mit dem zweiten Vatikanischen Konzil – 1962 von Papst Johannes XXIII. ins Leben gerufen – wurde die Modernisierung der katholischen Liturgie vorangetrieben. Damit sollten auch die Laien gestärkt und der Gedanke der Ökumene gefördert werden.

Trotzdem durfte Luc-Gabrielle als Nonne natürlich keine Geschäfte tätigen, also wurde der Plattenvertrag mit dem Orden abgeschlossen. Den miserablen Bedingungen nach standen der Nonne 3 % von den insgesamt 90 % des belgischen Großhandelspreises und lächerliche 1 1/2 % für Auslandsverkäufe zu. Laut Vertrag durfte sie weder den Ordensnamen nennen noch Fotos von sich veröffentlichen. Beides Punkte, bei denen sich der Orden in den kommenden Jahren wie in vielen anderen Dingen ebenso inkonsequent wie unmenschlich verhielt.

Da die Plattenfirma ohnehin nach einem griffigen Künstlernamen suchte, beauftragte sie eine Schulklasse mit dem Brainstorming und der Gewinner auf der Vorschlagsliste war »Soeur Sourire«, die »lächelnde Nonne«. 1963 wurde die Single »Dominique«, teils englisch, teils französisch gesungen (später folgte auch eine deutsch gesungene Version) veröffentlicht. Die Zeichnung der musizierenden Nonnen auf dem Plattencover stammte von Soeur Sourire selbst, die später auch den Umschlag für die LP »The Singing Nun« gestaltete.

Die Nonne ließ sich bestens vermarkten – und bald war im wahrsten Sinne des Wortes die Hölle los. Das naive Chanson wurde binnen kürzester Zeit ein Hit in Belgien und Frankreich, eroberte die Top Ten von Deutschland und den Beneluxländern und avancierte zum weltweiten Millionenseller mit unzähligen Coverversionen – und zur Hymne von Pfadfindern und Wandervögeln. Der singenden Nonne gelang sogar etwas, was bis dahin nur Elvis Presley geschafft und damit Chartgeschichte geschrieben hatte: sowohl die LP »The Singing Nun« als auch die ausgekoppelte Single »Dominique« standen im Dezember 1963 auf Platz 1 der US-Charts. Die Single verdrängte gar Elvis Presley von der Chartspitze, wurde als erste europäische Single – und bis heute als einzige aus Belgien – mit einem Grammy ausgezeichnet, und zwar in der Kategorie »Bester Gospel beziehungsweise religiöse Musikaufnahme«.

Als sie das Angebot bekam, 1964 in der populären, amerikanischen Fernsehsendung The Ed Sullivan Show aufzutreten, lehnte der Konvent das natürlich ab. Doch man hat nicht mit der Hartnäckigkeit und Chuzpe der Fernsehmacher gerechnet, die eines Tages mit dem Talkmaster Ed Sullivan persönlich samt einem riesigen Team im Kloster Fichermont auftauchten und von dort aus live berichten wollten. Da in Amerika schon damals Gospelgottesdienste ebenso wie Fernsehprediger zum festen Programm gehörten, gab man sich mit der Absage der Mutter Oberin nicht zufrieden. Schließlich wurde die Erzdiözese eingeschaltet, die eine Einwilligung zu einer Filmaufzeichnung gab, die später in der Fernsehshow lief.

Ungeübt im Umgang mit Presse und Öffentlichkeit, erzählte Soeur Sourire bisweilen ziemlich seltsame Geschichten. So schilderte sie einem Journalisten die kleinen Freuden im ansonsten strengen Klosterleben so: »Ab und an mal stellen wir die Heiligenbilder auf den Kopf, das ist mehr als heiter.«

Die gesichtslose Nonne in Habit mit Haube, mit einer dicken Brille und dem breiten, etwas verklärten Lächeln, die einfach so nebenbei einen Grammy kassiert hatte, erregte natürlich bald das Interesse von Hollywood. Kinofilme über mildtätige, sich aufopfernde Nonnen waren schon immer sehr beliebt. Und eine echte, junge Nonne, die auch noch singen konnte, kam den Drehbuchautoren gerade recht. 1966 wurde das Thema mit der keimfreien Blondine Debbie Reynolds unter dem Titel »Dominique – die singende Nonne« verfilmt. Regisseur des sentimentalen Machwerks über eine moderne, auf dem Motorroller mit ihrer Gitarre herumdüsenden Nonne, die sich dann auch noch ganz irdisch verliebt, war Henry Koster. Die idealistische Filmnonne Ann will unbedingt Kindern in Not helfen und begegnet einer alten Liebe wieder, was zu einer angedeuteten Romanze führt. Doch schließlich entscheidet sie sich für die Missionarsarbeit in Afrika und verschenkt gar die geliebte, allzu weltliche Gitarre. Soeur Sourire selbst distanzierte sich von diesem moralinsauren Melodram mit den Worten »reine Erfindung«, die Kritiker taten es als »süßliche Pappe« ab, obwohl es eine Oscar-Nominierung für die Musik gab.

Als der Film in die Kinos kam, wurde der Mutter Oberin der ganze Medienrummel schließlich zu viel. Sie verbot Schwester Luc-Gabrielle einen neuen Plattenvertrag zu unterschreiben, was zum endgültigen Bruch zwischen ihr und dem Orden führte. Sowohl der Fernsehauftritt als auch die Interviews, vor allem aber der Filmvertrag dürften dem Orden allerdings ein ganz ordentliches Sümmchen eingebracht haben, von dem die naive Nonne kaum etwas sah.

Schwester Luc-Gabrielles eigenes, ungetrübtes, idyllisches, fast himm-
lisches Märchen im Breitwandformat bekam damals die ersten Risse.
Für die Nonne, die mit ihrer Stimme klar wie Quellwasser die zynische
Welt der Medien erobert hatte, warteten die wirklichen Probleme
aber draußen vor den schützenden, wenn auch für sie einengenden
Klostermauern. 1966 verließ sie als eine der ersten geweihten Laien-
schwestern das Kloster Fichermont. Damit gehörte sie weiterhin dem
Dominikanerinnenorden an, lebte aber nicht mehr im Konvent. Das
Kloster stellte zwei knallharte Bedingungen: Sie durfte für weitere
Platten nicht mehr ihren weltberühmten Künstlernamen Soeur Sourire
benutzen und das Kloster keinesfalls mehr in irgendeinem Zusammenhang erwähnen. Damit wurde Luc Dominique, wie sie nun hieß, vom
internationalen Markenartikel über Nacht zur unbekannten Sängerin.
Von Geschäften verstand die Ex-Nonne rein gar nichts. Gemäß dem
Armutsgelübde hatte sie als Schwester Luc-Gabrielle den Löwenanteil
ihrer Tantiemen aus dem Plattenverkauf an den Orden abgeführt, der
auch nach ihrem Austritt weiterhin ihre Finanzen betreute – ein tödli-
ches Verhängnis, wie sich später herausstellen sollte.

Im Oktober 1966 gab sie ihre erste Pressekonferenz als weltliche
Künstlerin Luc Dominique und bekam das, was man heute in der
Showbranche ein Image-Problem nennt. Bislang hatte sich die so ge-
nannte Twistnonne oder religieuse yé-yé als Exotikum in fliegender
Kutte trefflich vermarkten lassen. Doch als etwas altbacken wirkende
Durchschnittsfrau in Zivil mit dicker Brille verlor sie jeglichen Reiz für
Presse und Publikum und musste zudem mit anderen, weltlichen Sängerinnen konkurrieren, ohne für das Showgeschäft präpariert zu sein.
Für die Zeitschrift »McCall's« sah das so aus: »Sie wirke schüchtern,
nicht gerade fröhlich, so, als würde sie sich in ihrer Haut nicht wohl
fühlen. Sie ist bis auf etwas rosa Lippenstift ungeschminkt und sieht
fünf Jahre jünger aus. Sie trägt eine Blümchenbluse über einem grau-
en, knielangen Faltenrock. Ihre langen, schlanken Beine betonen
hochhackige, schwarze Pumps, in denen sie erst kürzlich zu laufen
gelernt hat.« An anderer Stelle wurde sie in diesem Artikel auch als

»breitschultrig«, mit »Hängebusen« und »matronenhafter Haltung« beschrieben. Die Schlagzeile dazu lautete: »Sie trägt Pumps, raucht bisweilen und lobt in einem Lied die Pille.«

Die Welle der christlichen Chansons war inzwischen abgeebbt, also versuchte sie 1967 auf ihrem Album mit dem programmatischen Titel »I'm Not A Star« den textlichen Spagat zwischen Weltlichem und Religiösem. Sie besaß durchaus das Talent, schwierige Themen weiterhin fröhlich-naiv zu verpacken und zeigte sich zusehends als eine Streiterin für Emanzipation und die Modernisierung der Kirche. Bisweilen wurde ihre Selbstironie jedoch gründlich missverstanden, vielleicht bewusst, weil ihr Spott auch nicht vor der Presse Halt machte, die sie als singende Nonne verklärt hatte. Wie etwa auf dem oft zitierten Song »Luc Dominique«, mit dem sie die singende Nonne zu Grabe trug. »Soeur Sourire ist tot – sie ist tot, es wurde Zeit ...« »Ich mache mich über die Herren Journalisten und Plattenhändler lustig, die bestimmt wieder alles falsch verstehen und schimpfen werden. Aber der heilige Dominikus mag ihnen die Gerüchte vergeben, die sie jetzt wieder in Umlauf bringen werden.«

Doch Luc Dominique war längst nicht so selbstsicher, wie sie sich gab, im Gegenteil. Ihre Zweifel wuchsen. Der Zeitschrift »Constanze« erklärte sie: »Ich fühle mich schrecklich unter Druck. Man investiert so viel Geld in mich. Was aber, wenn ich scheitere?« Mit den Zweifeln kamen auch die Widersprüche. Das Leben im Kloster war einfach gewesen, dort waren die Regeln in einer klar strukturierten Lebensgemeinschaft vorgegeben. Mit einem Mal war sie einer Welt ausgesetzt, von der sie wenig Ahnung hatte, auch den Versuchungen, die diese neue, ungewohnte Freiheit mit sich brachte. Sie wurde mit Karriereentscheidungen konfrontiert, ohne professionelle Berater zu haben – doch auf diese Idee kam sie wohl ohnehin nicht, im festen Glauben an Gott.

Und es blieb ihr keine Zeit, sich langsam anzupassen und zu lernen. Denn von Beginn an stand sie bei jedem Schritt im Scheinwerferlicht. Sie war offen und ehrlich und sang und sagte immer eins zu eins, was sie dachte, weil sie es so gelernt hatte. Und damit machte sich die weltfremde Luc Dominique verletzlich und für jedermann angreifbar.

So gab sie etwa unumwunden zu, dass sie unter Schlafproblemen leiden und deshalb Tranquilizer nehmen würde, und gestand: »Auch wenn ich bisweilen dem Luxus fröne, ich weiß, es ist besser diesen Versuchungen zu widerstehen.« Und dichtete deshalb für das Lied »Je ne suis pas une vedette« die Zeilen: »Man überreicht mir eine Goldene Schallplatte. Was soll ich damit anfangen? Man sagt mir: ›Das ist doch phantastisch. Jetzt sind Sie Millionärin!‹ – ›Eh oui, vergessen Sie nicht, ich bin kein Star. Sie irren sich. Wenn der Herr mich hat zum Star werden lassen, dann nur, damit ich aus ihm einen Star mache …‹«

Früher hatte sie Launiges über ihre Gitarre Adèle »Soeur Adèle« gesungen, über Gottes wunderbare Schöpfung, religiöse Ziele und Trost durch den Herrn. Nun setzte sie sich – wohlgemerkt immer noch in dessen Namen – vermehrt für weltliche Dinge ein und schien es geradezu auf Provokation anzulegen. Zumindest ließ sie kein Fettnäpfchen aus, wenn es zu der einen oder anderen Textverirrung kam. In dem Song »Bain de soleil« erkennt sie die Allmacht Gottes nicht nur in den wärmenden Sonnenstrahlen, sondern sogar in der Evolution – und in der Radioaktivität.

In ihrem kämpferischen und mutigen Song über die Antibabypille im modernen Mariachi-Sound »La Pilule d'Or« (»Die goldene Pille«) wagte sie sich an ein damals geradezu politisch brisantes Thema und löste einen Skandal aus. Die Antibabypille war noch heftig umstritten und der Papst hatte sie den Katholiken verboten. Dennoch pries sie Gott hymnisch für seine Weisheit und dankte ihm für dieses Geschenk, mit dem er viel irdische Not verhindern würde. Indirekt ist das Lied damit auch ein Plädoyer für freie Liebe, für eine gesunde Sexualität ohne Folgen für die Frau: »Als unsere Großmütter ihren Hausstand gründeten, sagte man ihnen: ›Meine Tochter, sei brav und deinem Manne untertan. Setz eine große Familie in die Welt und empfange in Freuden die Kinder, die Gott dir schickt.‹ Heute ist die goldene Pille da. Die Biologie hat einen großen Schritt getan. Herr, wir preisen dich.«

Luc Dominique hatte sich nicht vom Glauben abgewandt, aber von der Institution Kirche.

Das war starker Tobak, zumal sie in Interviews den Papst wegen seiner strikten Ablehnung der Pille persönlich angriff: »Er sollte die Antibabypille befürworten, denn das ist das einzig Intelligente und Richtige, was er tun kann. Ich finde es schockierend, dass sie nicht jeder Frau, die sie haben möchte, zur Verfügung steht ...« Diese liberale Haltung brachte ihr nicht nur einmal massiven Ärger mit der Kirche ein, zumal sie in einem anderen Lied, »Le Temps des femmes«, mutig gewettert hatte: »Mönche und Pfarrer, misogyne Gesellschaft, erblicken in der Frau die ewige Versuchung und tolerieren sie nur, wenn sie ihnen die Küche macht.« Und als nach John Lennons flapsiger Bemerkung, die Beatles wären heutzutage populärer als Jesus, alle Welt empört aufschrie, erklärte sie: »Auch wenn ich das nicht gut finde, kann man das nicht bestreiten.«

Von der Presse erntete sie für ihre Einstellung jedoch nur Häme. Für die Journaille war sie eine frustrierte Emanze, eine männergeile Ex-Nonne, deren Stern am verblassen war. Doch statt einem Mann hatte sie inzwischen eine um zehn Jahre jüngere Frau als Lebenspartnerin. Homosexualität war damals ein Tabuthema, an das sich nicht einmal die Presse offen heranwagte. Ob die Lebensgemeinschaft mit Annie Pécher wirklich eine lesbische Beziehung war, darüber ist sich nicht einmal die Buchautorin und Biografin Florence Delaporte sicher. Sie hat für ihr Buch »Soeur Sourire: Brulée aux feux de la rampe« (Im Fegefeuer des Rampenlichts) 1000 Seiten Tagebuchnotizen ausgewertet. Alles, was sich dabei herauskristallisierte, war, dass allein das Gerücht, das Paar sei lesbisch, beiden mehrmals den Job gekostet hat. So bezeichnete etwa die »Bild am Sonntag« in ihrem »Nachruf« die Ex-Nonne als »die Lesbe mit dem Heiligenschein«.

Die beiden Frauen hatten ihr Leben vor allem der Hilfe anderer verschrieben. Annie Pécher hatte ein Heim für autistische Kinder gegründet, das Luc Dominique anfangs kräftig mit unterstützte. Doch angesichts sinkender Verkaufszahlen wurde sie depressiv, schluckte Pillen und absolvierte eine Psychotherapie, da sie auch ihren Pflichten als Laienschwester kaum mehr gewachsen war und nur noch gelegentlich unterrichtete. Aber auch, weil sie nach einer ausgedehnten Amerikatournee aufgrund ihrer Schüchternheit nur sporadische Liveauftritte absolvieren konnte, obwohl sie das Geld dringend benötigte. Und sie machte in ihrer Verzweiflung einen weiteren, folgenschweren Fehler: Weil ihre Karriere unter dem Namen Luc Dominique so gut wie stagnierte, nannte sie sich wieder Soeur Sourire.

Damit beging sie einen groben Vertragsbruch ihrem ehemaligen Kloster gegenüber, dem sie schriftlich versichert hatte, für alle Zeiten diesen Namen abzulegen. Diese Entscheidung zog einen Rattenschwanz von Problemen nach sich, die letztendlich zu ihrem Freitod führten. Fast ist man versucht zu sagen, der Zorn Gottes ergoss sich über sie, obwohl sie nicht das Geringste verbrochen hatte. Alles was sie suchte, war ein bisschen privates Glück und so viel Erfolg als Sängerin, dass sie davon leben konnte. Die Musik, die ihr einst im Kloster Trost gespendet und andere optimistisch gestimmt hatte, wurde nun dank des weltweiten Hits »Dominique« nachträglich zur größten Belastung und Prüfung ihres Lebens.

Jeanine Deckers alias Luc-Gabrielle alias Soeur Sourire alias Luc Dominique zog die Aufmerksamkeit der Boulevardpresse nur noch gelegentlich wegen der angeblich lesbischen Beziehung und ihrer eingestandenen Tablettensucht auf sich, als »Ein-Hit-Wunder«, dessen Leben eine tragische Wendung genommen hatte. Ab 1974 machte sie wegen eines jahrelangen Rechtsstreits mit den Behörden jedoch wieder regelmäßig Schlagzeilen. Die Katastrophe brach mit einer nachträglichen Steuerforderung des belgischen Finanzamtes über umgerechnet mehr als 60 000 Euro über sie herein. Diese berechneten sich aus den Millioneneinnahmen für »Dominique«, den späteren Plattenverkäufen sowie den Filmrechten an »The Singing Nun«. Dass sie fast alle Einnahmen als Spende an den Orden abgeführt und nur Bruchteile an den Tantiemen verdient hatte, konnte sie nicht beweisen, sie besaß weder Abrechnungen noch Unterlagen und Quittungen. Sie hatte in die tatsächlichen Umsätze, die das Kloster machte, niemals Einblick gefordert und folglich keine Ahnung, dass der Konvent die eingenommenen Tantiemen offenbar nicht korrekt versteuert hatte. Doch ihr ehemaliges Kloster in Fichermont und der Dominikanerinnenorden erklärten sich ungeheuerlicherweise für nicht zuständig und schwiegen in dieser Sache beharrlich, so dass Jeanine Deckers schlussendlich allein auf einer riesigen Steuerschuld sitzen blieb.

Die einzige vernünftige Möglichkeit wäre natürlich gewesen, gegen das Kloster zu klagen. Doch das traute sie sich nicht, weil sie sich entgegen der vertraglichen Vereinbarung wieder Soeur Sourire nannte. Stattdessen klagte sie gegen das Finanzamt und verlor erwartungsgemäß. Danach kämpfte sie jahrelang nur noch um Zahlungsaufschübe. Sie gewann zwar einflussreiche Fürsprecher, war aber viel zu schüchtern, um auf ihre tatsächliche Notlage hinzuweisen. Um zu überleben, gab sie wieder Zeichen- und Gitarreunterricht, jobte manchmal auch als Sekretärin und Kosmetikberaterin und rutschte immer tiefer in ihre Tabletten- und Alkoholsucht.

Trotzdem gab sie nicht auf. Aufgrund des Zeichenunterrichts hatte sie selbst wieder zu malen begonnen und stellte ihre Bilder aus. 1982 versuchte sie ein vergebliches Comeback mit einer Synthi-Pop-Version von »Dominique«, die in Diskotheken ganz gut ankam, aber wenig verkaufte. Deshalb drehte sie ein etwas unbeholfenes Video dazu. Das zeigt sie in einem roten Pullover, in Hosen und kniehohen, klobigen Stiefeln, auf denen sie – mit der geliebten Gitarre Adèle in der Hand – energisch den Kreuzgang eines Kirchengebäudes entlangmarschiert. Sie wirkt weder glücklich noch unglücklich, sondern leicht entrückt und nicht von dieser Welt.

Kurz darauf musste ihre Lebenspartnerin Annie ihr Kinderheim aus Geldnot schließen. Keiner kam den beiden zu Hilfe, was die Vermutung nahe legt, dass auch hier die angeblich lesbische Beziehung indirekt eine Rolle spielte. Die Steuerschulden waren mit Zins und

Zinseszins mittlerweile fast auf das Doppelte angewachsen und die beiden Frauen sahen weder ein noch aus. Sie waren finanziell ruiniert.

Im Nachhinein ist es völlig unverständlich, wieso Jeanine nicht um Hilfe bei Menschen nachgesucht hat, die sie offenbar noch immer schätzten und verehrten. Wie etwa die belgische Königin Fabiola. Sie schrieb den beiden zum Jahreswechsel 1985 einen herzlichen Brief und wünschte ihnen alles Gute fürs neue Jahr. War es Scham, falsch verstandener Stolz oder die endgültige Resignation aufgrund ihrer schweren Depressionen? Hoffte Jeanine auf die Hilfe Gottes, der sie offenbar vergessen hatte?
»Eines Tages waren er und seine Brüder ohne Brot / da erschienen ihnen Engel, und sie linderten die Not«, hatte sie in »Dominique« gesungen. Wo waren die Schutzengel von Jeanine, die als Nonne und als Mensch zu gut und gutgläubig für diese Welt war?
1985 war überhaupt kein Geld mehr da, keine Perspektive, nur mehr astronomische Schulden beim Finanzamt. Am 29. März kauften die beiden Frauen auf Pump und ohne Rezept in ihrer Apotheke 100 Depronal-Tabletten und 50 Témesta und schluckten sie mit Kognak. Am 1. April 1985 wurden beide tot in ihrer Wohnung aufgefunden. Jeanine Deckers wurde 51 Jahre alt, ihre Freundin Annie 41. »Wir kehren zum Herrn zurück«, hinterließen sie in ihrem Abschiedsbrief. Und in einem weiteren Brief an ihren Freund und Anwalt Jean Berlier schrieb Jeanine Deckers: »Ich umarme dich mit Bitterkeit und Trauer.« Die karge, aber geschmackvolle Einrichtung ihrer Wohnung sollten Studenten, Freunden und armen Leuten aus der Nachbarschaft erben. Doch alles, was von Wert war, wurde vom Fiskus konfisziert. Zumindest ihren letzten Wunsch erfüllte die Kirche trotz des Selbstmordes: Annie und Jeanine bekamen einen öffentlichen Gottesdienst und wurden in einem gemeinsamen Grab beigesetzt. Im Nachlass fand man im Archiv des »Figaro Magazine« ein Video mit zehn unveröffentlichten Liedern. In einem davon scheint Jeanine ihren Selbstmord

anzukündigen, mit schwarzem Humor und viel Sarkasmus: »Ihr werdet bald von Soeur Sourire hören, dass sie starb, erschlagen von Steuerbescheiden. Die Leute werden aufatmen und sagen: Sie ist endlich tot. Gott sei Dank.« Die Finanzakten im Fall Soeur Sourire gegen das Kloster Fichermont sind immer noch unter Verschluss.

Doch mit dem Tod der beiden war das letzte »in Ewigkeit Amen« noch nicht gesprochen, auch wenn sie in Frieden ruhen. Immer wieder nahmen die unterschiedlichsten Künstler wie Gus Gus, Happy Mondays, Fun Boy Three, Nils Lofgren, Mother Earth oder Simply Red Coverversionen von Soeur Sourire auf und das Interesse an dem traurigen Schicksal der hilfsbereiten Nonne wuchs vor allem 2003 zu ihrem 70. Geburtstag. Erstaunlich viele Internetseiten entstanden, eine Doppel-CD (»Soeur Sourire – die singende Nonne«, 46 Songs und ein Video) wurde mit ihren bis dato vergriffenen Songs veröffentlicht. Und in Belgien wurde sogar eine Initiative gegründet, die sich dafür einsetzt, die »Singende Nonne« auf einer Briefmarke zu verewigen.

Beach Boys

Bad Vibrations?

(Dennis Wilson: 1944–1983, Carl Wilson: 1946–1998,
Brian Wilson: *1942)

Die Beach Boys mit Brian Wilson im Vordergrund

Die Beach Boys verkörperten mit ihrer Surf-Musik in den frühen 1960er-Jahren das kalifornische Lebensgefühl aus Sonne, Strand und Meer, sportiver Jugendlichkeit, knackigen Blondinen, fröhlichen Strandparties und den Geschwindigkeitsrausch auf den Wellen und in hochfrisierten Autos. Schöpfer dieses amerikanischen Mythos war Brian Wilson, ein von tiefsten Zweifeln gequältes Musikgenie, von vielen als Mozart der Popmusik, Orson Welles des Rocks und George Gershwin seiner Generation verehrt. Und – als Überlebender eines Wahnsinns, den er in den 70er- und 80er-Jahren mit langwierigen Therapien zu überwinden versuchte, nachdem sein Talent und die eigene Familie ihn fast ruiniert hatten.

Die Geschichte der Beach Boys steht exemplarisch für viele Eltern, die mit falschem Ehrgeiz und großer Geldgier ihre Kinder zu Show-Marionetten degradieren und so lange unmündig, unreif und realitätsfremd halten, bis sie sich – oft schon psychisch gestört – selbst zerstören. Die prominentesten Opfer sind wohl Michael Jackson und Janet Jackson, die wie ihre Brüder und Schwestern in der ehemaligen Teenie-Soul-Band Jackson Five Karriere machten. Brian Wilson überstand zwar den »kalifornischen Alptraum« – so der Titel seiner Autobiografie –, aber die seelischen, menschlichen und finanziellen Verluste waren enorm. Millionen von Dollars rannen für Familienmitglieder, Drogen, Therapeuten und Gerichtsprozesse durch seine Finger. Er hat seine beiden Brüder verloren, fast alle Rechte an seinen eigenen Songs, sogar den Anspruch auf den Namen der Band, die er reich und berühmt machte und die zum Synonym einer heilen Welt wurde.

Und genau diese heile Welt gaukelten schon seine Eltern den Nachbarn in Hawthorne, einem Vorort von Los Angeles, vor. Denn hinter der Fassade des biederen Einfamilienhauses sah es gar nicht nach einer Bilderbuchfamilie aus. Die Eltern waren beide 20 Jahre, als sie 1938 heirateten. Vater Murry, ein typischer Selfmade-Mann, hatte sich vom Fabrikarbeiter zum Inhaber einer eigenen, kleinen technischen Fabrik hochgearbeitet. Insgeheim war er ein gescheiterter, frustrierter Songschreiber und Musiker, der seine drei Söhne mit aller Gewalt ins Showgeschäft bugsierte. Schon sein Vater war ein notorischer, brutaler Trunkenbold und Sadist gewesen. Mutter Audree hingegen war wohl behütet aufgewachsen, eine gute Pianistin – Murry hatte sich das Klavierspiel selber beigebracht –, und die beiden verband nur die gemeinsame Liebe zur Musik.

Brian wurde 1942 geboren, sein Bruder Dennis 1944 und Carl dann 1946. Brian meinte später: »Mein Vater hätte nie Kinder haben dürfen, er war aggressiv, unberechenbar und explosiv wie eine Tellermine.« Er misshandelte seine Söhne körperlich und seelisch und jeder der drei reagierte auf die Demütigungen auf seine Weise. Dennis wurde aufsässig, renitent, reizte seinen Vater bis aufs Blut und flüchtete, wann immer er konnte, aus dem Haus. Carl versteckte sich unter dem Bett, stopfte sich mit Essen voll und wurde so fett, dass ihn alle nur noch »Porgy«, das Schweinchen, nannten (Mutter Audree drückte »Liebe« durch Essen aus und mästete ihre Kinder). Brians Schutzschild war seine Musikalität – und sie wurde später zu seinem Verhängnis. Er liebte die Platten, die seine Großmutter spielte, vor allem Gershwins »Rhapsody In Blue«, klimperte auf seiner Spielzeugukelele und brachte sich selbst das Klavier und Akkordeon bei. Wenn seine Eltern abends vierhändig auf dem Klavier die sentimentalen Kompositionen von Vater Murry spielten, die im krassen Gegensatz zu seinen Tobsuchtsanfällen standen, sang Brian voller Begeisterung mit. »Das Klavierspielen und Singen gaben mir Ruhe und Sicherheit und retteten mir buchstäblich das Leben.«

Er besaß das absolute Gehör, obwohl er auf einem Ohr taub war, vermutlich aufgrund der grausamen Schläge seines Vaters. »Einmal warf er mich als Kind sogar auf den Bürgersteig vor unserem Haus.« Er band Brian an einen Baum und schlug ihn mit Holzlatten. Einmal befahl er Brian, in der Küche vor seiner Mutter auf eine Zeitung zu scheißen, die am Boden lag, und seine Exkremente wegzuräumen. Ein andermal sprang der Vater splitternackt auf den Küchentisch und schrie: »Ich bin der König dieser Familie!«

Obwohl sich Dennis und Carl nicht für Musik interessierten, zwang der Vater sie, auch ihren Teil zur Hausmusik beizutragen und schleppte allerlei Instrumente an. Er träumte davon, einen großen Hit zu schaffen und Unmengen Geld zu scheffeln. 1952 nahmen The Bachelors, eine mäßig bekannte Gesangstruppe, Murrys Titel »Two Step Side Step« ohne Erfolg auf. Als er im Radio lief, musste sich die ganze Familie im Wohnzimmer versammeln und dem heulenden Vater gratulieren. Für Brian wurden die Platten der Gesangsgruppe The Four Freshmen zur Offenbarung, die auch seinem Vater gefielen. Mit der Familie und Freunden übte er wie besessen deren Harmoniegesang ein, der später die Beach-Boys-Songs prägte, und kämpfte um die Liebe seines Vaters, der nie ein Wort der Anerkennung fand.

Mit 16 Jahren hatte sich Brian zu einem gut aussehenden, sportlichen, durchtrainierten jungen Mann entwickelt, der mit seiner Größe von 1,90 Metern und 84 Kilo zum Star der Baseball- und Footballmannschaft der Highschool wurde. Der Vater beschimpfte ihn weiterhin als Versager und Brians Unsicherheit wuchs. Er hing zwar mit den Sportkanonen in der Schule herum, fühlte sich aber mehr zur Theatergruppe hingezogen, kompensierte seine Schüchternheit mit albernen Streichen und machte den Clown. Dem Berufsberater erzählte er, bevor er zum College wechselte, er würde gern Psychiater werden, denn »Menschen verwirren mich. Ich würde sie gerne besser verstehen.«

Carl spielte inzwischen Gitarre und entdeckte Musiker, die mehr Sex und Biss hatten. Gemeinsam nahmen sie mit einem Tonband Songs auf, die Brian unermüdlich komponierte. Dennis hatte angefangen, Schlagzeug zu spielen. Als dann der überaus selbstbewusste Cousin Mike Love und der Highschool-Freund Al Jardine, der in einer Folkband sang und Gitarre spielte, zu ihnen stießen, gründeten sie die Band The Pendletones. Sie setzten auf den ausgefeilten Harmoniegesang und Dennis, der einzige Surfer der Gruppe, schlug Brian vor, darüber ein Lied zu schreiben. 1961 erschien bereits unter dem neuen Namen Beach Boys »Surfin'« als Debütsingle und wurde zum regionalen Hit.

Den Vertrag hatte Vater Murry eingefädelt, der ab da zum despotischen Manager wurde, der seine Söhne unerbittlich auf Erfolg und Leistung trimmte. Fortan betrachtete er die Beach Boys als ein Familienunternehmen und wollte mit keinem Geld und Ruhm teilen. Er verschaffte den Beach Boys einen Vertrag mit der großen Plattenfirma Capitol Records und weil die Jungs noch nicht volljährig waren, galt überall nur seine Unterschrift. Auf seinen Namen wurde auch der Musikverlag Sea Of Tunes gegründet, womit der Vater automatisch an den Einnahmen aller Kompositionen beteiligt war, was später zu großen Rechtsstreitigkeiten führte.

Anfangs war Brian Alleinbesitzer des Verlags und der Copyrights seiner Songs, doch nach den ersten Hits beanspruchte Murry den gesamten Verlag und die Copyrights. Brian einigte sich schließlich auf einer 50%-Basis. Doch je mehr Geld reinkam, umso mehr forderte der Vater. »Für meinen Vater war Geld die schönste Form der Bestätigung, aber ich wollte nur berühmt und als großer Songwriter anerkannt werden.« Streit gab es von Anfang an, da Murry sich in alle Belange einmischte, auch die künstlerischen, der Band seine eigenen Kompositionen aufdrängen und als Produzent fungieren wollte. Für ihn waren und blieben die Beach Boys das Vehikel seiner eigenen, gescheiterten Musikerkarriere.

Folglich gab es auch kein Lob, als sie 1962 mit Brians Lied »Surfin' Safari« bereits die Top 20 eroberten. Als Brian anfing mit seinem Freund Gary Usher Lieder zu komponieren, wurde dieser ebenso rigoros vertrieben wie spätere Kreativpartner, die nicht aus der Familie Wilson stammten. Auf den Tourneen führte er sich wie ein Sklaventreiber auf, immer darauf bedacht, das Saubermann-Image der Jungs zu bewahren. Ausgerechnet Brian, der sich im Gegensatz zu den anderen, die sich nach Lust und Laune austobten, nur der Musik widmete und einen Hitsong nach dem anderen schrieb, bekam seine unerbittliche Härte zu spüren. Er schlug ihn vor den Auftritten zusammen und stand während der Konzerte lauthals meckernd neben ihm. Wie wenig Murry seinen begabten Sohn respektierte, zeigte seine Entscheidung, als den Beach Boys mit »Surfin' U.S.A.« 1963 zum ersten Mal ein Top-

Ten-Hit gelang. Er basierte auf der Melodie von Chuck Berrys »Sweet Little Sixteen« und als dieser zurecht an den Songtantiemen beteiligt werden wollte, verschenkte Murry auch gleich die Textrechte von Brian an ihn, was dieser erst 25 Jahre später erfuhr.

1964 wurde zum Schicksalsjahr für den 21-jährigen Brian Wilson, das eine jahrzehntelange, menschliche Tragödie der Selbstzerstörung einleitete. Er heiratete die 15-jährige Marilyn Rovell, obwohl er eigentlich in deren Schwester Diane verliebt war. Aber Marilyn war die mütterliche, fürsorgliche Frau, die dem unselbständigen und unsicheren Brian ein stabiles Zuhause fernab seines Vaters versprach. Doch sie integrierte sich sehr schnell in den Wilson-Clan, der in Brian nur das Huhn sah, das goldene Eier legte und allen Wohlstand und Ansehen garantierte. Sie sorgte dafür, dass er »funktionierte«, und übersah seine kindischen, zunehmend neurotischen und exzentrischen Verhaltensweisen, die alle in der Familie nur mit dem lapidaren Satz kommentierten: »Brian ist mal wieder Brian.« Viel einschneidender waren die künstlerischen Bedrohungen, die er empfand. Der Surf-Sound langweilte ihn und er entwickelte eine fast krankhafte Verehrung für das junge Produzentenwunder Phil Spector (selbst eine Pop-Tragödie und eine mehr als schwierige Persönlichkeit). Dieser war für seinen Perfektionswahn im Studio berühmt und kreierte den so genannten »Wall Of Sound«. Mit unzähligen Studiomusikern und Sängern produzierte er aufwändige, überspannte Teenagersinfonien, für die er austauschbare Sänger und Sängerinnen einsetzte – heute würde man auch gecastete Superstars sagen. Brian faszinierte diese Arbeitsweise und er beschloss, für die Beach Boys auf diese Weise neue Songs vorzuproduzieren, auf denen sie nur noch ihren Harmoniegesang einsetzen mussten. Zudem bedrohte die auch in Amerika um sich greifende Beatlesmania die Vorrangstellung der Beach Boys, die soeben ihren ersten Nr.-1-Hit mit »I Get Around« hatten und im selben Jahr noch mit »Help Me Rhonda!«, »Barbara Ann« und zwei Alben in den Charts standen.

Brian hatte inzwischen 45 Pfund zugelegt und lebte praktisch nur noch von Zucker und Koffein. Er wurde von irrationalen Ängsten gequält, zog sich nach seinem ersten Nervenzusammenbruch Ende 1965 von der Bühne zurück und verkroch sich ins Studio. Er konnte das Gekreische der Teenies in den Konzerten einfach nicht mehr ertragen und die langen Abwesenheiten von zuhause. Doch seine erste Therapie brach er schon nach wenigen Tagen ab, weil er für das neunte Album der Beach Boys wieder ins Studio musste. Inzwischen konsumierte er bereits jede Menge Drogen und war beim LSD gelandet. Brians Angst zu versagen führte zur Weltflucht ins Bett: »Nachdem ich die Augen aufgeschlagen hatte, verbrachte ich die ersten Stunden oft in Angst. Ich erwachte immer mit dem Gefühl, dass mir etwas Scheußliches zustoßen könnte, und sträubte mich gegen die Notwendigkeit, mein Bett zu verlassen ... während der nächsten Jahre steigerte sich die Angst, mit der ich aufwachte, so sehr, dass sie mich den ganzen Tag über nie ganz verließ.«

Seine Antwort auf das Beatles-Album »Rubber Soul« sollte eine Suite über erwachsene Themen mit langsameren Songs werden. Die gesamte Wilson-Familie boykottierte das Unternehmen aus Angst, den Teenagermarkt und damit viel Geld zu verlieren. Aber auch, weil ein »Fremder«, nämlich der Songwriter Tony Asher, mit Brian arbeitete, über den sie keine Kontrolle hatten. Selbst als dabei der LP-Klassiker »Pet Sounds« entstand und der wegweisende und international größte Singlehit der Band, »Good Vibrations«[*], blieben Familie und Band weiterhin feindlich gesinnt und bezeichneten Brians Arbeit als »Avantgarde-Schrott«. Dabei war den Beach Boys mit diesem Album auch der Durchbruch in Europa gelungen ...

In dieser Zeit eskalierten die Probleme mit dem Vater, der eigenmächtig Aufnahmezeiten im Studio absagte oder dort wilde Keilereien anstiftete. Ausnahmsweise waren sich die Beach Boys einig, als sie

---

[*] Bei diesem Lied setzte Brian übrigens als erster Rockmusiker das elektronische Instrument Theremin ein.

Murry feuerten. Anfangs ignorierte er die Entscheidung und erklärte allen, Brian sei eine völlig Niete. Dann legte er sich einen Monat lang ins Bett. Audree verließ ihren Mann, als sie erfuhr, dass er sie betrogen hatte. Auf der anschließenden Europatournee feierte die Band wahre Orgien mit Nutten im Rotlichtmilieu und Fressgelagen und Brian verfiel auch noch dem Alkohol. »Für die Jungs war das Bandleben eine einzige Party, ein Traumjob mit guter Bezahlung und noch besseren Sozialleistungen. Sie erwarteten von mir, das ich wie ein Automat immer neue Hits ausspuckte ...« Die britische Presse bezeichnete Brian als Genie, doch »wie sich herausstellte, war ich dieser Rolle nicht gewachsen«.

Danach versuchte der Vater, sich den Musikverlag endgültig als Alleineigentümer unter den Nagel zu reißen. Er erpresste Brian, indem er seine Tantiemengelder von fast 300.000 Dollar zurückhielt und ihn nächtelang am Telefon terrorisierte. Nach monatelangem Psychoterror hatte er Brian weich gekocht, der seinem Vater resigniert den Musikverlag überließ. Murry produzierte daraufhin die Pseudo-Beach-Boys-Band Sun Rays, naive Teenies, für die er die Songs mitkomponierte. Als sie einen kleinen Hit landeten, erklärt er Brian: »Wir wissen doch beide, dass ich der Songschreiber in der Familie bin. Das echte Talent. Du bleibst immer nur der Zweitbeste.«

Brian entwickelte paranoide Verhaltensweisen, wollte nur noch in der Sauna oder am Swimmingpool Gespräche mit der Band führen aus Angst, abgehört zu werden. »Damals balancierte ich ständig auf dem schmalen Grad zwischen Spaß und Schrecken, zwischen Normalität und Irrsinn.« Er ließ sich ins Wohnzimmer Tonnen von Sand karren, stellte darin sein Klavier auf und baute ein Zelt auf, in das alle kriechen mussten, animierte seine Gäste beim Abendessen, mit dem Geschirr Musik zu machen, wollte gar, dass sie in einer Bar eine Schlägerei anzettelten, damit er die Originalgeräusche für eine Platte aufnehmen konnte.

Authentische Geräusche waren inzwischen eine Obsession von Brian. Er wollte endlich ein Soloalbum produzieren, ohne die Beach Boys, ohne Einmischung von außen, und engagierte als Texter dafür den Exzentriker Van Dyke Parks. Das legendäre, oftmals zitierte und nie veröffentlichte Album »Smile«, das später in völlig verstümmelter Form als »Smiley Smile« erschien, wurde zu seinem persönlichen Waterloo. Bei den über 38 Studioterminen mit unzähligen Musikern drehte Brian allmählich völlig durch. Er ließ die Musiker mit Feuerwehrhelmen antreten und verbannte das Stück »Fire« in den Tresor, als in der Nähe des Studios eine Reihe von Feuern ausbrachen. »Anstatt eine beglückende, spirituelle Musik zu komponieren, hatte ich dunkle Mächte heraufbeschworen und eine extrem unheilvolle Feuermusik geschaffen, die schlechte Vibes ausstrahlte.«

Noch deutlicher veranschaulicht eine andere Episode seinen Realitätsverlust. Als er sich den Film »Der Mann, der zweimal lebte« mit Rock Hudson ansah, glaubte er, Phil Spector hätte ihm sein Leben geklaut und verfilmt, weil der Kinostreifen mit den Worten »Hallo, Mr. Wilson« beginnt.

1967 veröffentlichte Capitol tatsächlich ein Album von Murry Wilson mit dem passenden Titel »The Many Moods Of Murry Wilson«. In bösartigen Interviews wetterte Vater Wilson, die Beach Boys seien »ohnehin nur ein Monster«, das er erschaffen habe, nette Jungs, denen der Erfolg zu Kopf gestiegen sei. »Das wahre Talent in der Familie war immer ich.«

Dass Band und Plattenfirma »Smile« ablehnten und ihm den Verlust seiner Urteilsfähigkeit vorwarfen, war eine Kränkung, über die Brian nie hinwegkam. Er warf ihnen vor, den Psychedelic Sound zu verschlafen, was sich bestätigte, als die Beatles 1967 das Album »Sgt. Pepper Lonely Hearts Club Band« veröffentlichten und die Beach Boys auf dem Monterey Pop Festival durch Abwesenheit glänzten. Jimi Hendrix erklärte auf dem Festival abfällig: »Surfmusik habt ihr zum letzten Mal gehört.« Bei den Hippies waren die Beach Boys als altmodische Popmusiker mit komischen Klamotten abgemeldet. Der Niedergang ging Hand in Hand mit Brians Persönlichkeitsverlust und religiösen Wahnvorstellungen. In der Band entbrannte ein Machtkampf um die Vorrangstellung. Mike und Dennis verfielen jedoch dem Maharishi und der Transzendentalen Meditation und setzten bei einer gemeinsamen Tournee mit dem Guru eine halbe Million Dollar in den Sand.

Im April 1969 wurde Brians erste Tochter Carnie geboren und er kam mit der Vaterrolle noch weniger zurecht als seinerzeit sein Vater. Er wurde maßlos eifersüchtig, weil er zuhause nur noch die zweite Geige spielte. Auf einer Party wollte er sich aus dem Fenster stürzen. Danny Hutton, Sänger der Hardrockband Three Dog Night, gab ihm zur Beruhigung Kokain. Ab da frönte Brian einer weiteren, sehr kostspieligen Sucht.

Dennis, der Sonnyboy, Partylöwe und Frauenheld der Band, der auf blutjunge Mädchen stand, spielte ein ganz anderes, gefährliches Spiel, als er sich der »Family« des psychopathischen Gurus Charles Manson anschloss und stark unter seinen Einfluss geriet. Dennis hatte gerade die Scheidung von seiner Frau Carol hinter sich und vermisste seinen Sohn Scotty. Manson, selbst ein frustrierter Songwriter, nistete sich mit seiner Kommune in Dennis' großem Haus ein und führte ihm auf Sexorgien junge Mädchen zu. Die Aussicht auf schnellen Sex lockte auch Mike an, aber Gruppensex war nicht sein Ding. Manson brachte über 100.000 Dollar durch, forderte von Dennis, für seine Family einen Plattenvertrag zu besorgen, machte mit ihm Aufnahmen in Brians Heimstudio und verkaufte ihm etliche Songs. Einer davon, »Never Learn Not To Love«, erschien in veränderter Form auf dem Beach-Boys-Album »20/20«. Die Botschaft: Wende dich von der Welt ab, Unterwerfung ist ein Geschenk!

Im August 1969 geschah der grausame Mord an Sharon Tate und dem Ehepaar LaBianca, als Täter wurden im November Charles Manson und einige seiner Anhänger verhaftet. Davor bedrohte Manson Dennis und gab bei dessen Mitbewohner eine Pistolenkugel ab mit den Worten: »Wenn du Dennis siehst, sag ihm, so eine wartet auf ihn.« Bevor Manson gefasst wurde, drohte er, Dennis' Sohn zu entführen, und forderte eine hohe Geldsumme. Dennis litt nach den Morden unter entsetzlicher Angst und machte keine Aussage vor Gericht, weil ihn der restliche Manson-Clan mit Psychoterror unter Druck setzte. Sie drangen nachts in sein Haus ein, verrückten dort die Möbel und beschmierten die Wände. Dennis gestand seinem Anwalt: »Ich bin der glücklichste Mann der Welt. Ich bin aus dieser Sache herausgekommen und habe nur Geld verloren.«

Die Band wechselte nach einem Rechtsstreit über angeblich 2 Millionen Dollar unterschlagener Tantiemen von Capitol zur Plattenfirma Reprise.

Brian »jobbte« vom Sommer 1969 bis Juli 1970 hinter der Kasse des Health-Food-Ladens »Radiant Radish« in Hollywood. Meist trug er nur Schlafanzug und Bademantel wegen seines enormen Umfanges. Längst war er ein seelisches und körperliches Wrack und kaum mehr in der Lage, Musik zu komponieren. Er hatte sich vollkommen von der Welt zurückgezogen, beschloss das Haus nur noch zu verlassen, wenn der Himmel »babyblau« war, und bekam nicht einmal die Geburt seiner zweiten Tochter Wendy mit. »Ich konnte Marilyns Beziehung, die Liebe und Vertrautheit zum eigenen Fleisch und Blut, nur nachvollziehen, weil ich für meine Songs dasselbe empfand: Sie waren meine eigentlichen Kinder.«

Und genau die nahm ihm nun sein eigener Vater weg, der sich damit wegen der rückläufigen Verkaufszahlen der Band-Platten – und damit seinem sinkenden Einkommen aus dem Musikverlag – rächen wollte, die er Brians Unfähigkeit zuschrieb. Er hatte nämlich hinter seinem Rücken den Verlag Sea Of Tunes mit allen Songrechten von Brian und den Beach Boys für magere 700.000 Dollar an Irving Music verscherbelt. Er behauptete dreist, Brian hätte ihm die Firma längst per Handschlag überlassen. »Genauso gut hätte er die Songs verschenken können«, so Brian Ende der 1980er-Jahre, als dieser Verkauf ein Fall für die Juristen wurde. »Heute wird ihr Gesamtwert auf über 20 Millionen geschätzt. Doch für mich wären diese Songs auch nicht für alles Geld der Welt zu verkaufen gewesen, denn sie waren meine Babys, mein eigen Fleisch und Blut, meine Seele!«

Brian verlor endgültig den Boden unter den Füßen, fühlte sich verraten und verkauft, hörte Tag und Nacht Stimmen und verschenkte alle Goldenen Schallplatten der Beach Boys. Für das Album »Sunflower« lieferte er nur einen Song ab. Doch auf der anschließenden Europatournee musste der Einsiedler Brian drei Tage für den tobsüchtigen Mike Love einspringen, der aufgrund seiner Meditations-Exerzitien drei Wochen gefastet hatte und im Krankenhaus zwangsernährt werden musste. Zuhause wurde Brian von Todesvisionen geplagt, bat den Gärtner ein Grab für ihn auszuheben und drohte, sich mit seinem silbernen Rolls-Royce vom Santa-Monica-Pier zu stürzen. Im Frühjahr 1971 schrieb er den Song »Till I Die«:

»I'm a leaf on a windy day
Pretty soon I'll be blown away
How long will the wind blow
Until I die.«

Die Band mochte den depressiven Song zwar nicht, nahm ihn aber auf, weil ihr das Material ausging. Gegen seinen Willen schleppte die Gruppe Brian, der unter panischer Flugangst litt, für die Produktion des Albums »Holland« in die Niederlande. Sie ließen das gesamte Studio einfliegen und verbrieten mit dem Wilson-Clan Hunderttausende von Dollars. Nach diesem finanziellen und musikalischen Fiasko veröffentlichte die Plattenfirma Live-Alben und Oldie-Sampler und die Band tingelte nur noch mit den alten Hits.
Am 4. Juni 1973 starb Vater Murry. Wie erwartet, ging Brian nicht auf die Beerdigung. Stattdessen flog er mit Diane, der Schwester seiner Frau, nach New York, um die neue Single ihrer Band Spring zu promoten. Er gab etliche, wirre Radiointerviews, während Marilyn zuhause sein Heiligtum, das Studio, ausräumen ließ. Ab da blieb Brian von Sommer 1973 bis Ende 1975 im Bett und wog am Schluss 112 Kilo. Diverse Psychiater stellten die Diagnose Schizophrenie und gaben den »hoffnungslosen Fall« schnell auf. Schließlich zog Marilyn den The-

rapeuten Dr. Eugene Landy zu Rate, der viele Leute aus dem Show-geschäft behandelt hatte. Seine unorthodoxen Methoden waren um-stritten, seine Honorare gigantisch, seine Erfolge erstaunlich, wenn man ihm freie Hand ließ. Doch genau das war der springende Punkt bei den Wilsons und den Beach Boys, die auf eine schnelle Wieder-herstellung von Brian, dem Hitwunder, pochten, und nicht auf eine Heilung. Er sollte schnellstmöglich wieder »funktionieren«.

Landy hatte eine Mammutaufgabe vor sich, denn Brian war von meh-reren Drogen abhängig und rauchte wie ein Schlot. Sein Gewicht war lebensbedrohlich, seine Essgewohnheiten nicht minder. Er konnte keinen Schritt alleine machen, sich nicht mehr anziehen, verweigerte jegliche Hygiene und den Kontakt mit der Realität. Der Kühlschrank wurde abgesperrt. Telefonate abgehört. Regeln aufgestellt. Marilyn und die beiden Töchter bekamen eine Begleittherapie. Carnie war aggressiv, hyperaktiv und ebenfalls zu dick, Wendy verängstigt und introvertiert. Landy weihte selbst Nachbarn und Streifenpolizisten ein, um Brian völlig den Drogenhahn abzudrehen. Und er führte sich in aller Öffentlichkeit noch unmöglicher als sein Patient auf, um Brian eine Lektion zu erteilen. »In jedem Kopf ist nur Platz für einen Verrückten«, erklärte er.

Nach zwei Monaten brachte er ihn wieder ins Studio und ans Klavier. Um seine Musikblockade zu durchbrechen, forderte er ihn auf, Songs über Dinge zu schreiben, über die er nicht reden konnte, alles was ihm durch den Kopf ging, ob Salatsaucen oder Hauspantoffeln. Die Band rebellierte gegen diese »fruchtlose Arbeit«, verwendete aber später sogar Songs wie »The TM Song« oder »Johnny Carson«, die mit Landy entstanden, ohne dass er auf den Platten erwähnt wurde. »Ich fing an, die Stimmen im meinem Kopf zu verstehen«, meinte Brian. »Du musst den Sender wechseln, Brian«, meinte Landy, »wenn du Stimmen hörst, dann schalte einfach auf den Musiksender um.«

Die Plattenfirma drängte auf ein neues Studioalbum, das erste seit 4 $\frac{1}{2}$ Jahren. Landy überwachte den Prozess mit endlosen Sitzungen und schirmte Brian gegen die aggressive Band ab. Er begleitete Brian auch zur Abnahme bei der Plattenfirma, wo er sich immerhin 25 Geschäftsleuten stellen musste. Der Schock war perfekt, als sie bergeweise Werbematerial mit dem Slogan »Brian is Back!« (Brian ist wieder da) entdeckten. Die Werbekampagne war Mikes Idee, der auch noch einen Song dazu verfasst hatte: »Brian is Back«. Das Album »15 Big Ones« war kein Knüller, aber die Pressekampagne führte zu Fernsehauftritten und einem Fernsehspecial, für das Brian, der panische Angst vor dem Wasser hatte, an seinem 34. Geburtstag zum ersten Mal ein Surfbrett betrat. Zur Beruhigung hatte ihm Dr. Landy auf einem Zettel bestätigt, dass ihm nichts passieren könnte, dass er es überleben würde.

Inzwischen war Steve Love, einer von Mikes gerissenen Brüdern, der neue Manager der Band. Er wurde später wegen Unterschlagung von 500.000 Dollar gefeuert. Damals drängte er auf eine Nachfolge-LP, doch Landy sah Brian noch längst nicht als Vollzeit-Profi, sondern als Patienten und hielt den Abgabetermin Anfang 1977 für illusorisch. Die Band engagierte Bodyguards, um Dr. Landy von Brian fernzuhalten. Brian überfielen wieder die alten Ängste und er brachte im Studio nichts zustande. Marilyn kündigte Dr. Landy, der sie schriftlich auf einen möglichen Rückfall hinwies. Die Band diktierte nun wieder Brians Alltag.

Steve Love hatte einen Millionenvertrag mit CBS abgeschlossen, mit der Klausel, 80 % des Materials würde von Brian komponiert und produziert werden. »Ich war die Seele der Band, aber seit ich nichts mehr brachte, waren die Beach Boys zu einem Unterhaltungskonzern degeneriert, bei dem nur noch Geld zählte; nichts erinnerte mehr an jene Beach Boys, die einst so kreative, spirituelle Musik gemacht hatten. Über diese traurige Erkenntnis musste ich weinen. Ich kannte meine Bandkollegen nicht mehr. Waren sie meine Familie? Waren sie meine Freunde? Oder waren sie meine Feinde? Helden oder Schurken?«, fragte sich Brian Wilson Jahre später.

Auch als Band waren die Beach Boys längst untauglich. Mike meditierte beim Maharishi in der Schweiz und lernte das »freie Schweben«, Al Jardine kümmerte sich mehr um seine Ranch in Big Sur denn die Musik, Dennis wurde erneut geschieden, stand ständig unter Drogen und produzierte sein Soloalbum »Pacific Ocean«, Carl kämpfte gegen seine Kokainsucht. Brian flüchtete wieder zurück ins Bett. Seine neuen Aufpasser waren die Brüder von Mike Love, Ex-Sportler, die nicht zimperlich mit ihm umgingen. Sie heuerten mit Ehefrau Marilyn für 50.000 Dollar pro Jahr (die Brian zahlen musste) Rocky, eine Ex-Sportkanone mit strammen Muckis, an. Rocky war damals »Mann des Jahres«, »Playgirl«-Pin-up und bald auch Marilyns Liebhaber.

Für Brian wiederholte sich sein Kindheitstrauma. Die drei Obermachos erniedrigten ihn mit verbalen Beschimpfungen wie »Scheiß-Rockstar-Arschloch«, »verblödeter Komponist« und schlugen ihn oftmals brutal zusammen. Die Band nötigte ihn zu Liveauftritten, bei denen sie sich selber auf der Bühne prügelten. Jeder wollte jeden feuern, nur Brian nicht, der Mike anflehte, ihn aus der Band zu entlassen. Doch Brian, die Geldmaschine, wurde gebraucht, für Songs und Plattenproduktionen der Beach Boys und Spring, der Band von Diane und Marilyn. Ihr zu Liebe sollte er auch zwei Songs für seinen gefühllosen Rambo-Aufpasser Rocky produzieren, »California Feeling« und ironischerweise auch »Don't Be Cruel«.

Die Kuh Brian wurde von allen gemolken, wurde eingeschüchtert und konnte sich nicht wehren. Er hortete Pillen und Drogen, unternahm mehrere Selbstmordversuche und wurde immer wieder in die Psychiatrie eingeliefert. Einmal büchste er aus, trampte durchs halbe Land und brach in der Gosse einer fremden Stadt zusammen. Stan und Rocky wurden von Marilyn geschasst, nachdem sie Dennis halbtot geprügelt hatten, der inzwischen Brains Drogenlieferant war. Sie kamen mit Bewährungsstrafen davon.

1979 ließ Brian sich von Marilyn scheiden und es ging mit ihm rapide bergab. Er kaufte ein Haus in Santa Monica und die ehemalige Krankenschwester Carolyn Williams übernahm das Regiment. Sie brachte ihre Kinder und Hunde mit, versorgte Brian mit Tabletten, Alkohol und Drogen, schirmte ihn gegen die Außenwelt ab. Sie kam auf Tourneen und Treffen der Beach Boys mit, die sie ablehnten, weil sie eine Schwarze war und das Haus zusehends versiffte. Carl ließ den verwirrten Brian eine Vollmacht unterschreiben, die ihm zum Treuhänder seines Vermögens bestimmte, und übernahm auch Brians Stimme in der Beach-Boys-Gesellschaft Brother Records.

1982 engagierte die Band mit Marilyn abermals Dr. Landy, weil sie sich keinen Rat mehr wussten. Brian konsumierte im Bett kannenweise Instantkaffee mit Zucker, Junkfood, Alkohol, Kokain. Allein zum Frühstück verdrückte er zwei bis drei extradicke, kräftige Steaks und eine Flasche Steaksauce, rauchte 5–6 Packungen Zigaretten pro Tag, wog 153 Kilo und konnte nur noch watscheln. Alle paar Wochen bestellte er bei den Buchhaltern 10.000 Dollar für seine Drogen.

Dr. Landy schätzte die Behandlungszeit auf mindestens drei Jahre, verlangte eine halbe Million Dollar und keine Einmischung seitens der Familie oder Band. Brians Körper war ruiniert, das Gehirn geschädigt und er hatte keine eigene Familie mehr, die ihn auffangen konnte. Als erstes forderte er von der Band die offizielle Entlassung von Brian, um ihm alle Geldmittel zu entziehen und Hintertürchen zu schließen. Das hieß auch, dieses Mal musste nicht Brian, sondern die Band für die Therapiekosten aufkommen. Aufgrund der späteren juristischen Auseinandersetzungen wurde Brian Wilson vermutlich zum bestdokumentierten, öffentlichen Therapiefall, der sich bis 1988 hinzog. »Mein Kopf war ein hyperaktiver Hort wirrer Empfindungen, die zwischen Stumpfheit und Panik, Verfolgungswahn und Todesangst schwankten«, beschrieb Brian seinen damaligen Zustand. »Ich war ein Zombie, ein spinnerter Sixties-Haschbruder, der nie von einem schon lange zurückliegenden Trip zurückgekehrt war. Ich war schizoid und mein Verhalten unberechenbar.«

Anfang November kündigen ihm die Beach Boys: »Hiermit teilen wir Ihnen mit, dass Ihr Beschäftigungsverhältnis mit der Firma Brother Records Inc. und alle weiteren Geschäftsverbindungen mit sofortiger Wirkung beendet sind.« Unterschrieben haben Dennis, Carl, Al und Mike.

Um Carolyn loszuwerden, wurde Brian in einer Klinik untergebracht. Die Diagnose lautete, dass er selbst mit Entzug und Therapie vielleicht noch einleinhalb Jahre zu leben hatte, aufgrund seiner geschädigten Leber, der eingeschränkten Lungenkapazität, der 68 Kilo Übergewicht. Nach dem Krankenhausaufenthalt musste sein Zimmer renoviert werden, weil Brian keine einzige Körperfunktion mehr unter Kontrolle hatte. Danach brachte Dr. Landy ihn für einige Monate in die klösterliche Abgeschiedenheit eines Therapiecamps auf Hawaii. Ein großes Expertenteam reiste mit, vom Koch bis zum Sportlehrer, die ihn aus dem alten Trott holen und Schritt für Schritt ins normale Leben zurückführen sollten. Wegen seines kritischen Gesundheitszustandes mussten sie zudem die gesamte Notausstattung eines Krankenhauses mit sich transportieren. Brian war so fettleibig, dass er weder allein das Bett verlassen noch sich waschen oder ankleiden konnte.

Er musste praktisch bei Null anfangen. Neben Abnehmen und Fitness wurden auch normale, häusliche Pflichten zur Herausforderung für den Koloss: Betten machen, Müll rausbringen, abspülen. Brian musste nicht nur das Duschen neu lernen, auch das Essen, mit Besteck, mit Tischmanieren und Gesprächen. Er musste lernen zuzuhören, seine Meinung zu äußern und auf andere Menschen einzugehen. »Der einzige Mensch, dem ich jemals richtig zugehört hatte, war mein Dad gewesen. Und auch ihm hatte ich nur deshalb zugehört, weil er mich durch Schläge, durch körperliche Schmerzen oder seelische Qualen dazu gezwungen hatte.«

Weil Brian gelernt hatte, alle mit seinem Talent zu manipulieren, drehte Dr. Landy den Spieß um. Er benutzte das Klavierspiel als Belohnung, um Brian zu manipulieren. Er musste lernen, dass sein Verhalten Konsequenzen hatte und er musste die Verantwortung dafür übernehmen. Brian übte dabei die alten Songs der Beach Boys neu ein, die er mittlerweile vergessen hatte.

Carolyn Williams hatte inzwischen ganz Los Angeles mit der Behauptung rebellisch gemacht, Brian sei entführt worden, was zu der spöttischen Schlagzeile »Brian Wilson – bitte zu Hause anrufen!« führte.

Anfang März gaben die Beach Boys ein Konzert in Honolulu und Carolyn drohte mit einem Eklat. Sie hätte sich für Brian aufgespart und wollte ihn unbedingt wiederhaben. Dr. Landy bereitete Brian zwei Wochen lang mit Medienprofis auf eine Pressekonferenz vor. Brian stand eine ganze Stunde das Bombardement der Presse durch, allein, offen, ehrlich. Und er trat sogar mit der Band auf. Im April 1983 bezog er in Los Angeles in Malibu Colony am Strand ein schönes Haus – und mit ihm ein sechsköpfiges Betreuerteam.

Nun mussten die Gespenster der Vergangenheit überwunden werden. Die Drogendealer waren erreichbar, der Entzug längst nicht geschafft. Um den erwarteten Rückfall zu verhindern, brummte ihm Dr. Landy neue Pflichten auf – Frühstück machen für alle und Einkaufen im nahe gelegenen Supermarkt. Als er anfing, dort aus den Regalen ihm verbotene Nahrungsmittel zu verputzen, bekam er Hausverbot und musste eine halbe Stunde Fußweg zum nächsten Supermarkt zurücklegen. All das war Teil einer ausgeklügelten Therapie mit dem Endziel, aus Brian Wilson einen gesunden, verantwortlichen Menschen zu machen.

Die Band hatte einen neuen Vertrag mit Columbia Records abgeschlossen, aber Brian fühlte sich der Studioarbeit noch nicht gewachsen. Was er nicht wusste, war, dass Carl sich schon Wochen vor Weihnachten wegen Dennis' Drogensucht an Dr. Landy wandte. Da Dennis ein wiederspenstiger Freigeist war, hielt Dr. Landy eine Therapie nur dann für sinnvoll, wenn Dennis erst einmal einer mehrwöchigen, kompletten Entgiftung zustimmen würde. Carl wollte sich das über Weihnachten überlegen, natürlich vor allem wegen der Kosten. Am 28. Dezember 1983 rief Dennis' Manager bei Brian an und teilte ihm mit, sein Bruder sei bei einer Feier auf dem Boot eines Freundes im Yachthafen ertrunken, als er nach seinem alten Boot, der »Harmony«, tauchte. Alle seien völlig zugedröhnt und besoffen gewesen. Dennis war noch ein paar Mal aufgetaucht, bevor er in vier Meter Tiefe versank. 45 Minuten später barg die Hafenpolizei seine Leiche vom Grund.

Dennis' Tod nahm Brian furchtbar mit, die beiden waren sich sehr nahe gestanden und Brian hatte den 39-jährigen Sportsmann und Charmebolzen immer für unsterblich gehalten. Die letzten Monate in Dennis' Leben waren jedoch erbärmlich, er war pleite und lebte von seiner Frau Shawn und dem Sohn Gage getrennt, schnorrte Freunde um Drinks, Zigaretten und Drogen an, schlief da, wo er gerade umkippte, faselte ständig von der Schuld des Vaters und wurde von den gleichen Dämonen wie Brian gejagt. Seine Frau pochte auf ein Seebegräbnis, normalerweise nur dem Marinepersonal vorbehalten. Doch Präsident Reagan, ein Fan der Band, stimmte für den »größten Surfer der Nation« einer Sondergenehmigung zu.

Brians Therapie war längst nicht zu Ende. Dr. Landy brachte ihn immer wieder in Situationen, in denen er mit Mutproben seine irrationalen Ängste überwinden musste. Die größte Bedrohung stellten für seinen Patienten nach wie vor die Bandmitglieder dar, die wieder Spielchen spielen und Songs mit ihm scheiben wollten. »Im übertragenen Sinne waren die Beach Boys die Kreuzung, über die mich Dr. Landy lotsen wollte.« Um stark genug zu werden, ja oder nein zu sagen, schickte ihn Dr. Landy eine Woche lang in ein Outdoor-Überlebenstrainings-Lager in Colorado, ordnete an, dass er nur mit einer Begleitperson mit dem Auto nach New York fuhr, wo er sich zu Fuß und mit den öffentlichen Verkehrsmitteln durchschlagen musste.

Danach nahmen die Beach Boys mit Steve Levine in London erstmals ein digitales Album auf. Brian, der früher vom absolut perfekten Klang geträumt hatte, wurde klar, die Essenz, der Inhalt und die Gefühle der Lieder waren wichtiger als eine noch so moderne und seelenlose Technik. Sein Erfolgserlebnis war aber die Waage, die auf 83,5 Kilo zeigte. Seit seiner Highschool war er körperlich nicht mehr in solcher Topform gewesen.

Doch so hatten sich Band und Familie den neuen Brian nicht vorgestellt – ein erwachsener Mensch, der selber entschied und sich nicht mehr manipulieren ließ. Sie wollten den teuren Dr. Landy schnellstens loswerden. Carl hatte die Trust-Gelder von Brian eingefroren, damit er seinen Therapeuten nicht mehr bezahlen konnte. Als im Mai 1986 der Trust von Brian juristisch aufgelöst wurde, startete die Band eine schmutzige PR-Kampagne gegen Dr. Landy und behauptete, Brian wäre sein Gefangener.

Ein Jahr darauf hatte Brian einen Vertrag für zwei Soloalben in der Tasche, musste jedoch abermals gegen die massiven Einmischungen von außen ankämpfen. Die Plattenfirma vertraute nicht auf Brians Fähigkeiten, akzeptierte Dr. Landy als Co-Komponisten nicht, engagierte einen Produzenten und überredete Brian zu, wie er es nannte, »dieser Cowboy-und-Indianer-Romantik«. Er fühlte sich seelisch nicht stark genug, sich zu widersetzen. Immer wieder tauchten ungefragt prominente Musiker im Studio auf, die mitmischen wollten. Brian: »Ich konnte mir allerdings denken, was wirklich lief: Jeder wollte die Lorbeeren, die Rückkehr von Brian Wilson ins Musikbusiness ermöglicht zu haben, für sich ernten.« Im Januar 1988 wurden die Beach Boys in die renommierte »Hall Of Fame« aufgenommen und Elton John sprach die Laudatio. Brian Wilson wurde bei seiner Dankesrede dreimal von dem eifersüchtigen Fastenkünstler Mike Love unterbrochen. »Im Lauf der Zeit waren die Beach Boys in Mode und aus der Mode und dann wieder in Mode. Was mir die ganzen Jahre über Kraft gegeben hat, war immer dasselbe Gefühl, das mich vor so vielen Jahren schon motiviert hat, ›Surfin'‹ zu schreiben: Ich wollte heitere Musik schreiben, die andere Menschen glücklich macht. Und daran hat sich in den letzten 27 Jahren nichts geändert ...« Danach ließ Mike eine Hasstirade auf anwesende Musiker los, bis man ihn von der Bühne schaffte.

Die Hetzkampagne der Beach Boys gegen Dr. Landy führte zu einer Beschwerde des Standesverbandes der kalifornischen Ärzte (BMQA), der Dr. Landy wiederholte Verstöße gegen ethische Grundsätze und die Zulassungsbestimmungen vorwarf. Es drohte ihm ein Berufsverbot in Kalifornien. Man einigte sich auf einen Kompromiss: Dr. Landy verzichtete zwei Jahre auf seine Zulassung. Im Sommer erschien »Brian Wilson«, das erste Soloalbum von Brian, und bekam überschwängliche Kritiken. »Das lang erwartete Solodebüt des Mannes, dem wir die Hits der Beach Boys verdanken, ist nicht nur das Comeback des Jahres, es ist auch ein schlagender Beweis dafür, dass man Genie nicht verlieren kann«, so die »Los Angeles Times«. Doch es gab auch einen Wermutstropfen, denn ausgerechnet zu diesem Zeitpunkt standen die Beach Boys mit ihrer Single »Kokomo« seit Jahren erstmals wieder auf Platz 1 der US-Charts und trugen ihren Wettkampf öffentlich aus. Trotzdem schrieb Brian in sein Tagebuch: »Für mich gibt es kein schöneres Gefühl, als das zu machen, was ich am besten kann: Musik. Gott hat mir ein neues Leben geschenkt und ich bin unendlich dankbar dafür.«

Im September 1989 reichte Brian Wilson eine Klage ein und pochte auf die Rückgabe der Copyrights an Dutzenden von Songs, die sein Vater 1969 verkauft hatte. Seine Anwälte hatten bei einer Buchprüfung grobe Unstimmigkeiten entdeckt. Unter anderem war Brians Unterschrift auf dem Vertrag offenbar gefälscht und es waren Songs aufgelistet, die damals noch gar nicht existierten. Für Brian wurde der Prozess zu einer schmerzhaften Auseinandersetzung mit seiner Vergangenheit, zu der im Jahr darauf noch eine weitere Belastung kam. Ausgerechnet Mikes Bruder, Stan Love, sein ehemaliger, sadistischer Leibwächter, hatte die Vormundschaft für ihn beantragt. Trotz etlicher Auftritte mit den Beach Boys und einem Versöhnungsversuch mit Carl schlug sich dieser vor Gericht auf die Seite von Stan und befürwortete, wie die gesamte Familie, die Entmündigung. Die Anwaltskosten für beide Prozesse überschritten fast die gesamten Produktionskosten der alten Beach-Boys-LPs. Carl behauptete, Dr. Landy hätte Brian einer Gehirnwäsche unterzogen und in den Bankrott getrieben. Daraufhin verpflichtete sich der Therapeut schriftlich, Brian drei Monate nicht mehr zu sehen. Um dem entwürdigenden Prozess ein Ende zu machen, stellte sich Brian einem psychiatrischen Gutachten und das Verfahren wurde eingestellt. Zu diesem Zeitpunkt standen Brians Töchter mit dem Gesangstrio Wilson-Phillips und der Single »Hold On« auf Platz 1 der US-Charts. Und sein zweites Soloalbum »Sweet Insanity« war nach langem Hickhack mit der Plattenfirma erschienen, eher ein Therapie- denn ein Musikdokument mit autobiografischen Songs wie »Brian«:

»All my life I've been running scared
Feeling shut out, no one cared
Not my mother, not my brother
Crazy beatings by my father
Ah-ouuu ...«

1991 veröffentlichte Brian Wilson mit Dr. Landys Hilfe seine Autobiografie »Wouldn't It Be Nice« (»Mein kalifornischer Alptraum«), kurz darauf verklagte ihn Mike Love auf eine hohe Tantiemenzahlung, die ihm als Anteil an alten Songs angeblich zustanden. Obwohl diese Copyright-Ansprüche strittig waren, gab Brian um des Friedens Willen nach. 1995 entstand die Filmdokumentation »I Just Wasn't Made for These Times« über das tragische Leben des Genies Brian Wilson, der noch immer um seine künstlerische, seelische und familiäre Unabhängigkeit kämpfte.

So bitter es klingt, aber die erlangte er erst, als sein zweiter Bruder Carl 1998 an Krebs verstarb. Brian hatte trotz seines Wahnsinns alle überlebt und endlich den Mut und das Selbstvertrauen, sich ganz auf sein neu gewonnenes Leben zu konzentrieren, seine Soloprojekte zu realisieren. Die Auferstehung des Brian ging auch mit der lang ersehnten Anerkennung in den Musikerkreisen einher. Jung wie Alt nahmen Wilson-Songs auf. Und mit dem Album »Tribute to Brian Wilson« setzten ihm unter anderem Künstler wie Ricky Martin, Paul Simon, Elton John und Aimee Mann & Michael Penn 2001 ein Denkmal. Zuvor jedoch zerrte ihn 1999 sein Cousin Mike Love abermals vor Gericht, um sich den lukrativen Bandnamen Beach Boys unter den Nagel zu reißen. Und so kam es – und ist es noch immer –, dass bisweilen drei ganz unterschiedliche Beach-Boys-Formationen auf Tournee gehen: die »offiziellen« mit Mike Love, die zusammengewürfelte von

Ex-Mitglied Al Jardine unter dem Namen Beach Boys Family und Brian Wilson – der Solostar.

Endlich allein und immer noch einzigartig gut hat er endlich Frieden mit sich geschlossen und die Antwort auf die Frage gefunden, warum er auf die Welt gekommen ist: »Eine Mutter sorgt für ihr Baby. Ein Mann kümmert sich um seine Arbeit. Ein Darsteller kümmert sich um sein Publikum. Der Künstler kümmert sich um seine Kunst.«

Nico

Zu viel Schönheit zerstört

(Christa Päffgen: 1938–1988)

Nico in Begleitung ihres Sohnes Ari
und Andi Warhols

Sie war eine Marmorstatue, eine Göttin, die Verkörperung reiner Schönheit«, schwärmte Andy-Warhol-Mitarbeiter Billy Name und er war nicht der Einzige, der Nico mit einer Göttin verglich.

Die kühle, unnahbare Nico faszinierte alle mit ihrem umwerfenden Aussehen, ihrer Eleganz und ihrem Schweigen. Mit knapp 15 Jahren als Fotomodell entdeckt, machte sie eine rasante, internationale Karriere, posierte für Coco Chanel in Paris und die renommierte Agentur Eileen Ford in New York. Fellini konnte ihrer Schönheit ebenso wenig widerstehen wie Alain Delon. Anfang der 1960er-Jahre lagen ihr praktisch alle zu Füßen. Doch sie wollte kein Objekt mehr sein, sie wollte Anerkennung als Künstlerin. Durch Andy Warhol wurde sie zum Kunstobjekt und die »Femme fatale« der legendären Band The Velvet Underground. Rockstars wie Jim Morrison, Brian Jones und Iggy Pop beteten sie an, Bob Dylan, Lou Reed und Leonard Cohen schrieben Songs für und über sie.

Aber sie empfand ihre Schönheit zusehends als Fluch, demontierte ihr Aussehen bewusst und führte als Solokünstlerin ein destruktives Leben mit Drogenexzessen und privaten Katastrophen. »Ich bin Nihilistin, ich liebe die Zerstörung«, erklärte sie einmal. Auch deshalb wurde sie in den frühen 80er-Jahren zum Idol von Musikern der Dark Wave, von Gothic-Künstlern wie Patti Smith, Bauhaus, New Order oder Siouxsie & The Banshees.

Sie verdiente nie viel Geld, besaß keine weltlichen Güter, keinen Luxus, nicht einmal ein einziges Exemplar ihrer Platten und lebte bis zu ihrem unspektakulären Tod 1988 von ihrem »schlechten Ruf«. Nach ihrem Tod erreichte Nicos Kultstatus eine neue Dimension. Die nicht minder legendäre Marianne Faithfull verewigte sie 2002 auf ihrem »Song For Nico«, die junge Kölner Band Angelika Express 2004 mit dem Lied »Nico Päffgen« über »die traurige Frau aus Köln«.

»Ich bereue nichts«, so Nico Mitte der 80er-Jahre, »außer, dass ich als Frau und nicht als Mann geboren wurde.«

Nico wurde am 16. Oktober 1938 als Christa Päffgen in Köln geboren. Ihre Mutter Margarete stammte aus einfachen Verhältnissen, der Vater aus einer reichen Familie. Die meisten beschreiben ihn als gebildeten, ruhelosen Abenteurer, der ständig unterwegs war und früh von den Nazis eingezogen wurde. 1943 kam ein Brief der Wehrmacht, der Vater habe einen Kopfschuss erlitten und sei in einem Militärhospital. Er hätte Gehirnschäden und Anfälle von Wahnsinn. Später hieß es, er sei gestorben, aber eine offizielle Todesurkunde gab es nicht. Christa hatte praktisch keine Erinnerung an ihn und besaß nur ein einziges Foto. Ob er tatsächlich ein Spion war, wie manche vermuten, lässt sich nicht eindeutig beweisen. Nicos Tante Helma Wolff: »Ihren Vater hat sie ja gar nicht kennen gelernt. Meine Schwester hat vom Oberkommando der Wehrmacht das Schreiben bekommen, dass er gefallen ist. Aber er hatte einen Kopfschuss und hat gelebt. Also nahmen wir an, dass sie ihn umgebracht haben, er war ja für die Nazis nichts mehr wert. Er war ein Abenteurer, ein Typ, der selber keine Wurzeln hatte. Manchmal sehe ich ihn in Christa, sie war ganz der Vater.«

Auch John Cale, der schon immer für Spionagegeschichten schwärmte und selbst in seiner Nähe Agenten vermutete, äußerte eine Theorie, die sich Nicos Sohn Ari aneignete, als romantische Vorstellung seines Großvaters. Wieso hatte Nicos Vater sechs Sprachen gesprochen, sogar Türkisch und Russisch? Und warum reiste er ständig durch Osteuropa? »Vornehme Familie, verwöhnt, träge, das ideale Material für den Geheimdienst.« Cale glaubte, dass Nicos Vater eventuell sogar Doppelagent war, wenn man die anfängliche Politik der Sowjets gegenüber Hitler bedachte. In der Filmdokumentation »Nico-Icon« von Susanne Ofteringer beschrieb Ari ihn so: »Er sah wie Gregory Peck aus. Er war ein persönlicher Freund von Gandhi, ein Archäologe, ein Spion. Er half Juden, dann wurde er erschossen.«

1940 zogen Mutter und Tochter zu Tante Helma nach Berlin, die wie eine zweite Mutter für sie wurde. Als das heftige Bombardement der Alliierten auf die Stadt begann, flohen sie zum Großvater mütterlicherseits, einem Eisenbahner, nach Lübbenau, Spreewald, etwa 90 Kilometer östlich von Berlin. Nach dem Krieg kehrten sie zurück nach

Berlin, wo die Mutter ihr Geld als Schneiderin verdiente und darauf achtete, dass ihre bildhübsche Tochter Christa immer wie aus dem Ei gepellt war. Tante Helma: »Damals war sie so ein feines Mädchen, sie hatte so eine Grazie, das gefiel mir so an ihr. Sie war schüchtern, sie war nicht laut, mit 12 fast schon eine kleine Dame. Sie ging daher wie eine kleine Prinzessin, gut angezogen, sehr gepflegt, einen Pagenkopf – zu ihrem langen Hals. Das stand ihr sehr gut. Ich fand das Mädchen einfach toll und ich dachte, aus der wird mal was. Und das wusste sie sehr wohl, dass sie gut aussieht. Auf dieses Fundament hat sie ja ihre Karriere aufgebaut.«

Die Karriere begann, als Christa 1953 mit 15 Jahren von dem Modefotografen Heinz Tobias entdeckt wurde, der sie an Heinz Oestergaard, den ersten großen deutschen Couturier der Nachkriegszeit, vermittelte. Obwohl die Mutter anfangs protestierte, ging Christa von der Schule ab, wurde professionelles Mannequin und vom Laufsteg weg von der Zeitschrift »Vogue« engagiert. Ab da pendelte sie zwischen Berlin, London, Rom und Paris, wo sie sich 1959 niederließ, unter anderen für Coco Chanel arbeitete und sich die Haare hellblond färbte. Sie war ein Supermodel, auch wenn der Begriff damals noch nicht existierte, und wurde schnell zum Liebling des internationalen Jetsets. Die Tante: »Sie wollte schauspielern, um Gottes Willen nichts anderes machen.«

1959 gab ihr Federico Fellini in dem Filmklassiker »La Dolce Vita« eine kleine Rolle. Er hätte sie gerne für weitere Filme beschäftigt, aber wegen ihrer notorischen Faulheit und Unpünktlichkeit feuerte er sie am Set. Trotzdem hinterließ sie mit ihrer kühlen Unnahbarkeit einen bleibenden Eindruck auf der Leinwand und wurde für den Film »Strip-Tease« engagiert. Zu diesem Zeitpunkt lernte sie den damals aufstrebenden französischen Kinostar Alain Delon kennen und ihre Liaison hatte in mehrfacher Hinsicht schwerwiegende Folgen. Nico wurde von Delon schwanger und brachte 1962 den gemeinsamen Sohn Christian Aaron Päffgen auf die Welt. Delon (»Der eiskalte Engel«) war selbst ein ungeliebtes Kind, das nach der Scheidung seiner Eltern jahrelang herumgeschubst wurde. Umso unverständlicher seine harte Haltung: Er erkannte den Sohn nicht an – und zwar bis auf den heutigen Tag –, weil er damals noch mit Romy Schneider verlobt war und seine große Filmkarriere gefährdet sah. Nico hatte mit einer Ehe gerechnet und erlebte zum ersten Mal in ihrem Leben eine Ablehnung, die sie nicht verkraftete.

Damals lebte sie bereits seit zwei Jahren mit dem 20 Jahre älteren Filmemacher Nico Papatakis zusammen, nach dem sie sich dann auch Nico nannte. »Christa war ihr zu deutsch. Ihr war die Arbeit als Mannequin verhasst. Ich mochte ihre Stimme, das Timbre. Ich brachte sie zu einem Gesangslehrer in New York, wo wir damals lebten.«

Bei der renommierten Modellagentur Eileen Ford kam sie erstmals mit Aufputschmitteln in Kontakt, »man gab uns Amphetamine, damit wir schlank blieben«. Sie verdiente pro Tag 100 Dollar und kaufte sich ein kleines Haus auf Ibiza, jahrzehntelang ihr fester Zufluchtsort in Europa. Sie nahm Schauspielunterricht, suchte nach künstlerischer Anerkennung, rutschte aber nach der Trennung von Papatakis und der Geburt von Ari zufällig in die aufblühende Rockszene.

Anfangs kümmerte sich Nicos Mutter, die mittlerweile auf Ibiza lebte, um den Sohn. Doch dann erfuhr Edith Boulogne, die Mutter von Alain Delon, von ihrem Enkel und kämpfte erbittert um das Kind.

1965 nahm der Rolling-Stones-Manager Andrew Loog Oldham Nico für eine Single unter Vertrag. Auf dem harmlosen, naiven Folksong von Gordon Lightfoot, »I'm Not Sayin'«, spielten Rolling Stone Brian Jones und Jimmy Page von Led Zeppelin die Gitarren. Die kleine Scheibe war kein Erfolg, öffnete Nico aber in New York die Türen zu den zwei wichtigsten Männern der damaligen Szene: Bob Dylan, der ihr den Song »I'll Keep It With Mine« schenkte und angeblich eine Affäre mit ihr hatte. Und Andy Warhol, der von ihrem androgynen Wesen angezogen wurde und sie für mehrere Filme seiner Factory engagierte: »The Velvet Underground«, »Nico (A Symphony in Sound)«, »Chelsea Girl«, dann als Leadsängerin für seine Neuentdeckung, die Gruppe The Velvet Underground. Warhol-Star Paul Morrissey: »Die

Velvets brauchten ein Element von Schönheit im Kontrast zu dieser schrillen Hässlichkeit, die sie transportierten. Ein wahrhaft schönes Mädchen inmitten ihrer ganzen Dekadenz war haargenau das Richtige. Und das war Nico.«

Zu diesem Zeitpunkt litt Nicos Mutter bereits unter Verfolgungswahn und rastete vollkommen aus. Sie sperrte Ari in ein Zimmer und warf den Schlüssel weg. Die Ärzte diagnostizierten schwere Paranoia und Parkinson. Nico nahm Ari zu sich und schleppte ihn Tag und Nacht in der New Yorker Szene herum, bis der Kleine Tobsuchtsanfälle bekam. Großmutter Edith Boulogne nahm Ari endgültig zu sich. »Als wir das Baby zu uns nahmen, erfuhren wir durch Alains Agenten, ich könnte wählen zwischen dem Baby und meinem Sohn. Aber wir behielten ihn. Alain konnte sich selbst ernähren, Ari sich aber nicht großziehen. Bevor wir ihn zu uns nahmen, schleppte sie ihn überall mit hin, er aß nur Pommes, in Bahnhöfen, Hotels, Flughäfen. Sie lebten wie die Boheme, zigeunerten herum. Nicos Mutter schrieb vor ihrem Tod einen langen Brief an mich und vertraute mir Aaron an, bat mich inständig, den Kleinen zu behalten, weil Nico wie ein Kind war, unfähig. Ich mochte sie trotzdem, sie war die schönste Frau, die ich je gesehen habe – und intelligent. Wegen Ari habe ich meinen eigenen Sohn 17 Jahre nicht mehr gesehen.«
Ari, der ob dieser unseligen Geschichte schon als Kind einen großen Knacks davontrug, verklärt noch heute seine Mutter: »Etwas zwischen uns zerbrach nie, obwohl diese verfluchten Bürokraten und Gesetze uns getrennt haben. Meine Mutter war eine Künstlerin. Die Boulognes sind nur bedauernswerte Menschen. Ich bin kein Boulogne, ich bin ein Päffgen. Sie war für mich da, gab mir Rührei mit Schinken, zu jeder Mahlzeit.«

Velvet Underground akzeptierten Nico nie als vollwertiges Mitglied, manifestierten aber Nicos Ruf als Femme fatale bis zu ihrem Tod. »Diese Musiker mögen überhaupt keine Frauen«, behauptete Nico.

Jonas Mekas, Underground-Filmemacher und Mentor von Warhol: »Niemand außer Andy hatte die Fähigkeit, solche überspannten, traurigen, verzweifelten Menschen um sich zu sammeln, einen so hoch explosiven Kreis. So kam auch Nico dazu. Die Atmosphäre zog sie an, denn sie trug eine Menge Traurigkeit und Verzweiflung mit sich herum.« John Cale von den Velvet Underground und Produzent vieler Nico-Alben: »Nico in die Band zu nehmen, war für mich und Lou eine Zumutung. Wir hatten schon mit der Schlagzeugerin Maureen Tucker ein Mädchen in der Band.«

Der erste Auftritt der Band fand am 14. Januar 1966 ausgerechnet bei einer Tagung der Psychiater statt. Nico fühlte sich bald terrorisiert, die Paranoia der Warhol-Factory hatte auch sie ergriffen. Über Lou Reed: »Er hat mich nie wirklich gemocht, wegen dem, was mein Volk seinem angetan hat.« Aber auch, weil er eifersüchtig auf sie war, Angst hatte, sie würde ihn in den Hintergrund drängen. Trotzdem schrieb er drei Songs für sie: »All Tomorrow's Parties«, »Femme Fatale« und »I'll Be Your Mirror«. Nico: »Lou machte es Spaß, Frauen zu manipulieren. Er wollte das auch mit mir machen, wie einen Computer programmieren.« Andy Warhol erinnerte sich an die Aufnahmen zum ersten Album »Velvet Underground & Nico«: »Offenbar war keiner damit wirklich glücklich, vor allem aber Nico: ›Ich möchte klingen wie Bawwwhhhb Deee-lahhhn‹, nörgelte sie und war sauer, weil es ihr nicht gelang.« »Bei den Velvet Underground waren alle unglaublich egomanisch«, so Nico, »jeder wollte der Star sein. Ich meine natürlich, dass Lou der Star sein wollte – was er ja auch immer war –, aber die Zeitungen kamen immer zu mir. Ich wollte unbedingt ›I'm Waiting For The Man‹ singen, aber Lou hat das nicht zugelassen.«

Noch verdrehte die kühle, blonde Göttin aus Deutschland allen Männern den Kopf. Auf dem Monterey Pop Festival 1967 zeigte sie sich Arm in Arm mit Brian Jones von den Rolling Stones, kurz darauf lernte sie Jim Morrison kennen. Das Treffen hatte Danny Fields eingefädelt, der damals in Morrisons Plattenfirma arbeitete und der Meinung war, die beiden würden ein hübsches Paar abgeben. »Ihr Anblick war so umwerfend, dass sie Männer, Jungs einschüchterte.« Morrison und Nico trafen sich in einem Hotel bei Los Angeles und konnten absolut nichts miteinander anfangen. Zwei große Egos, die sich sadomasochistisch bekämpften, sie auf Wodka, er auf Pillen. Er zerrte sie an den Haaren durch den Innenhof und balancierte schließlich splitternackt auf den Dachzinnen, bis sie heulend in Dannys Zimmer stürzte. Trotzdem muss bei dieser oder einer späteren Begegnung etwas Einschneidendes passiert sein. Denn bis zu ihrem Tod verehrte Nico Jim Morrison als »ihren Seelenbruder«, der sie ermutigt hatte, selber Songs zu schreiben. »Schreib deine Träume auf«, soll er gesagt haben. »Es gibt nur einen, mit dem ich etwas gemeinsam hatte – Jim Morrison.« Bis zu ihrem Tod sang sie zu ihrem Harmonium dessen inzestuösen Todesgesang »The End«. Der Warhol-Star Viva behauptete: »Sie war besessen von Morrison, trug immer ein Foto von ihm bei sich, stellte ein Ewiges Licht davor auf, bevor sie schlafen ging. Damals betete sie zu Jim Morrison, da war er aber noch am Leben.«

1968 schlug Nico mit dem folkorientierten Album »Chelsea Girl« eine Solokarriere ein. Sterling Morrison von den Velvet Underground meinte dazu, »sie wirbelte aus der Band heraus, wie sie reingewirbelt war«. Danach begleiteten er und John Cale sie abwechselnd bei ihren Soloprojekten. Der 18-jährige Sänger und Songwriter Jackson Browne sah sie mit Sterling und fand sie toll. »Ganz New York war voll mit den großen Plakaten von ihr. Dann bot man mir den Job des Gitarristen an. Nico ging es wirklich um die Musik, sie suchte Songs.« Jackson Browne wurde natürlich ihr Liebhaber. Auch Leonard Cohen wurde ein Fan von ihr und schrieb 1974 über sie den Song »Take This Longing«. Doch innerhalb eines Jahres veränderte sich Nico nicht nur musikalisch, sondern auch äußerlich dramatisch. John Cale: »Auf einmal fing sie an, ihr gutes Aussehen zu verachten. Sie empfand ihre Schönheit als eine Art Fluch. Eine abartige Vorstellung, ziemlich dumm und typisch deutsch. Aber damals galt modeln nicht als künstlerisch. Künstlerisch war, sich wie Janis Joplin die Lunge aus dem

Hals zu schreien, bevor man an Drogen starb. Sie veränderte radikal ihr Image. Die Blondine in Weiß färbte ihr Haar hennarot und trug schwarz – und lebte ihren Traum, als wollte sie sagen: ›Ich bin jetzt ein anderer Mensch.‹« Nicht nur die Warhol-Clique war schockiert, aber Nico war »glücklich, weil man sie hässlich fand«.

John Cale produzierte 1969 in zwei Tagen ihr zweites, legendäres Soloalbum »Marble Index« und meinte, sie hätte damals Einzigartiges geschrieben: »Für mich ist es ein Beitrag zur europäischen, klassischen Musik.« Es war ein verstörendes Werk, auf dem Nico auch erstmals ihr klagendes Harmonium einsetzte, das sie bis zum Tod begleitete. Ihre desillusionierenden Texte handelten von der Unmöglichkeit zu lieben, der Vernichtung durch Liebe, der Unfähigkeit, Kontakt zur menschlichen Gesellschaft zu haben. Die Erlösung aus dieser arktischen Kälte und Finsternis lag für sie im Tod. Sie wirkte inzwischen noch distanzierter und völlig beziehungslos. »Manchmal, wenn man mit ihr redete, starrte sie in die Luft. Sie antwortete nicht, war geistesabwesend. Aber Stunden oder gar Tage später kam sie auf das Thema zurück, als sei nur eine Minute vergangen«, erzählte John Cale. »Es war ein einsamer Traum. Freundschaften schloss sie selten und gab sie wieder auf. Sie richtete ihr Leben auf Vergänglichkeit aus, mit dem Treibgut dieser kaputten Gefühle.« Für einen Filmclip zu »Evening Of The Light« zog sie mit Iggy Pop und einem brennenden Kreuz über einen Friedhof kaputter Puppen.

Aus Nico, der blonden Lichtgestalt, war die Göttin der Düsternis geworden, die Mutter von Gothic, Lady Lazarus. Ab da schien es ihr einziges Bestreben zu sein, ihre Schönheit mit aller Gewalt zu zerstören, eine denkwürdige Parallele zu Jim Morrison, der in den letzten zwei Jahren seines Lebens bewusst sein Image als Sexsymbol demontierte und als fettleibiger, wildbärtiger und kurzatmiger Mann starb. Der Tod ihrer Mutter 1970 warf sie noch mehr aus der Bahn und sie griff erstmals zum Heroin. Delons Eltern hatten nun freie Hand, adoptierten Ari, gaben ihn auf ein katholisches Internat und verboten Nico jeglichem Kontakt mit ihm. »Sie begann mehr Drogen zu nehmen wegen der Adoptionsgeschichte. ›Kindsdiebin‹ beschimpfte sie meine Großmutter«, so Ari, »es war, als hätte man ihre Seele getötet.«

Gekämpft hat Nico allerdings niemals um ihren Sohn, sie war viel zu sehr mit sich selbst beschäftigt. Damals lebte sie bereits mit der größte Liebe ihres Lebens in Fankreich zusammen, dem Experimentalfilmer Philippe Garrell, der nur noch Filme mit ihr und über sie drehte. Die französische Schauspielerin Tina Aumont verbrachte eine Weile mit den beiden im italienischen Positano: »Ich weiß nicht, wer wen an welche Drogen brachte.« Für sie war Nico zwar keine Egomanin, lebte aber nur in ihrer eigenen Welt. Nico: »Ich habe keine Grenzen. Ich muss nicht wirklich draußen sein, um frei zu sein. Ich kann mich in einer kleinen Zelle genauso wohl fühlen. Ich bin sogar gern eingeschlossen.«

Nico gab mit ihrem Harmonium Solokonzerte, während Garrell LSD-Trips schluckte und wegen seiner Visionen schließlich in der Psychiatrie mit Elektroschocks behandelt wurde. Später drehte er darüber einen Film mit dem Titel »Die innere Narbe«, »es ging um Wahnsinn, um eine Narbe im Gehirn«, so Nico.

Bei einem Gastspiel lernte Nico den Berliner Musiker Lutz Ulbrich kennen. Der 14 Jahre jüngere Mann verliebte sich in sie und begleitete sie bei ihren Konzerten. Lüül, wie ihn alle nennen, hatte 1967 in Berlin die Kultband Agitation Free mitbegründet, die anfangs in den Räumen der legendären Kommune 1 von Rainer Langhans und Fritz Teufel probte. 1974 spielte er mit der deutschen Band Ashra Tempel auf einem Festival in Frankreich, wo auch Nico auftrat. »Irgendjemand hatte mir einen Trip in den Tee geschmissen, ohne dass ich es bemerkt hatte. Also sitze ich so da, greif mir meine Gitarre, mach die Augen zu und spiele. Als ich die Augen wieder aufmache, sitzt Nico neben mir.« Er zog mit in die Wohnung von Philippe Garrell und Nico, die in diesem Jahr noch ein paar Karrierehöhepunkte erlebte, bevor sie völlig im Drogensumpf versank. Im Juni stand sie im Londoner Rainbow Theatre mit John Cale, Brian Eno und Kevin Ayers für ein

Konzert auf der Bühne, das für das hochgelobte Livealbum »June 1, 1974« mitgeschnitten wurde. John Cale produzierte danach Nicos düsteres, unheilvolles Album »The End«, das die Plattenfirma morbiderweise so bewarb: »Warum Selbstmord begehen, wenn Sie dieses Album kaufen können?«

Nach einem Auftritt im Dezember desselben Jahres mit der deutschen Elektronik-Band Tangerine Dream in der Kathedrale von Reims kam es zu einem politischen Eklat, weil sie erstmals das Deutschlandlied mit der verbotenen Strophe sang, das sie später auf Konzerten dem RAF-Terroristen Andreas Baader und einmal auch Ulrike Meinhof widmete. Das brachte ihr in Deutschland natürlich nur Unverständnis und herbe Kritik ein. Bei einem Konzert in Berlin flogen Bierflaschen und die Leute schrien: »Faschistin!«, was sie sehr kränkte. Obwohl sie mittlerweile viele Lieder auf Deutsch komponierte, fühlte sie sich in der Heimat missverstanden und unterbewertet. Das Dreiecksverhältnis mit Philippe und Lutz führte zu großen Spannungen. Bald griff auch Lutz zum Heroin. »Ich fand diese Heroinabhängigkeit somit die interessanteste Lebensweise. Klingt zwar ein bisschen pervers, aber du hast immer ein Ziel, kommst in die abenteuerlichsten Gegenden und mit ganz komischen Menschen zusammen. Ich war auch abhängig, aber noch mehr von Nico als von der Droge. Ich liebte ihre Augen, ich habe sie vergöttert.« Nicos und Philippes Wohnung war ständig dunkel, denn sie waren zu arm, um sich Heizung oder Licht leisten zu können. »Es gab nur Kerzen, traurig. Philippe war tierisch eifersüchtig, ich habe da ja auch gewohnt, als Lover. Sie hat mich dann aus der Wohnung geschmissen: ›Du deutsches Schwein!‹ Heute lache ich, damals habe ich das ernst genommen.« Später gingen die beiden für einige Auftritte von Nico nach New York und lebten in der berüchtigten Künstlerabsteige Chelsea-Hotel. Nächtelang trieb sich Nico auf der Suche nach Stoff auf der Straße herum, erzählte Wildfremden ihre Lebensgeschichte und wurde immer aggressiver. Lüül: »Die Schlägereien im Chelsea-Hotel waren ganz schön grob. Heroin macht fieser, kälter, du wirst ein mieser Charakter, betrügst Leute. Das ist ihr auch passiert.« Aber dass sie später auch ihren Sohn Ari auf Heroin brachte, begreift er bis heute nicht.« Wie kann eine Mutter ihren Sohn anfixen?«

1977 schloss sich der Gitarrist wieder seiner alten Band Ashra Tempel an. Nach einer USA-Tournee mit Nico und John Cale kehrte er allein nach Berlin zurück, befreite sich aus der Drogenabhängigkeit und begann als Solist 1980 einen Neuanfang. Mit »Morgens in der U-Bahn« aus seinem Debütalbum »Lüül« gelang ihm sogar ein respektabler Hit. Nico führte weiterhin ein Leben on the road. Irgendwann hatte sie auch den jungen, holländischen Gitarristen Ferdinand Karmelk kennen gelernt, der bei Herman Brood & The Wild Romance spielte. Er schloss sich 1979 Nina Hagens neuer Band an, wurde ihr Liebhaber und übersiedelte mit ihr nach Amerika. »Ferdy«, der auch in der berüchtigten, skandalträchtigen ORF-Talkshow »Club 2« Hand anlegte, als Nina vor laufender Kamera demonstrierte, wie man eine Frau zum Orgasmus bringt, ist der Vater von Ninas 1981 geborener Tochter Cosma Shiva. Als er sechs Jahre später an Aids verstarb, gab Nina Hagen Nico die Schuld an seinem Tod, weil sie ihn auf Heroin gebracht hätte. Der Rock-'n'-Roll-Kreislauf funktioniert auf seine eigene, sehr tödliche Weise.

Nico wiederum strandete Anfang der 80er-Jahre in England, wo der 27-jährige Konzertveranstalter und Fan Alan Wise ihr Manager wurde und sie überredete, nach Manchester zu ziehen. Dort hatte sich nicht nur eine beachtliche Musikszene mit vielen Clubs gebildet, sondern auch eine rege Drogenszene. Industrial Rock, Gothic, Weltuntergangsstimmung als Endlos-Party war das Umfeld, das er für die »Sirene Of The Sixties« passend fand, denn fast alle Musiker dort verehrten die Velvet Underground als Götter und die schwarz gekleidete Heroin-Ikone Nico als Vorbild aller »Bad Girls«. »Sie war eine dunkle, fast mütterliche Gestalt, die Wärme und Geborgenheit ausstrahlte, aber sehr erotisch und todesnah«, so Alan Wise, »als sie starb, muss der Tod über sie gekommen sein wie ein alter Freund. Schon oft war sie dem

Tod knapp entkommen, denn das war ihr Lieblingsspiel ... sie suchte Verfall und Tod. Hinter allem steckte die Sehnsucht nach dem Tod, nach dem eigenen Untergang. Das Leben langweilte sie.« Oft genug hatte sie betont: »Ich bin nur zwei Minuten vom Tod entfernt.«

Alan Wise konnte sie zu Konzerten und Tourneen überreden, weil sie Geld für Drogen brauchte, an die 150 Euro für ihren täglichen Heroinbedarf. Und dann kam auch noch der von Ari hinzu, als dieser zu seiner Mutter nach Manchester zog. Er war mittlerweile volljährig, wusste absolut nichts mit seinem Leben anzufangen und begann zu fixen, um seiner Mutter Gesellschaft zu leisten. Die beiden lebten wie ein Paar zusammen, teilten sich Spritzen und Bett – und manche behaupten noch mehr und sprachen von einer inzestuösen Beziehung. Wenn »Le Kid«, wie ihn alle nannten, Mädchen mitbrachte, kam es zu heftigen Auseinandersetzungen und sie ergriffen schnell die Flucht. Alan stellte für Nico eine Begleitband zusammen, der von 1981 bis 1986 auch der Pianist und Keyboarder James Young angehörte. »Als ich in ihrer Band spielte, war es mit ihrem Aussehen vorbei. Sie war nicht mehr dieses Chelsea Girl, dieser wasserstoffblonde Marlene-Dietrich-Mondgöttin-Vamp. Sie war ein in die Jahre gekommener Junkie, eine stattliche Frau mit merkwürdigen Augen. Mit ihr auf Tournee zu sein war wie in einem geschlossenen, kleinen Universum. Wir waren Planeten, sie der Mond, den wir umkreisten.«
Er beschrieb nach Nicos Tod in dem erschreckend schonungslosen, voyeuristischen Buch »Reise in die Finsternis« den deprimierenden Tourneealltag und Drogenwahnsinn einer zusammengewürfelten, glücklosen Band, die sich The Faction nannte und in einem alten Lastwagen quer durch West- und Osteuropa tingelte. Wenn es sein musste, spielten sie auch für sechs Zuschauer, Hauptsache, Nico bekam ihre Drogen. Sie wusch sich kaum mehr und verwahrloste zusehends. »Sie war fast stolz auf ihre verfaulten Zähne, die kaputte Haut, die grauen Haare und die Einstichnarben überall. So gefiel sie sich, das war ihr Stil. Sie war die Königin der ›Bad Girls‹, furchterre-

gend, ständig im Streit, mit dem Messer bedrohte sie Manager Alan im Bus.« Young meinte, er hätte das Buch zum einen des Geldes wegen geschrieben, aber auch, weil das, »was ich und andere Leute erlebt haben, sonst in der Rockliteratur nicht vorkommt – die Geschichte von Versagern.«

Nach diversen Livealben unterschiedlicher Qualität und dem Studio-album »Drama of Exile«, das sich genauso wie der Titel anhörte, ging Nico 1985 mit John Cale ins Studio und nahm die relativ erfolgreiche LP »Camera Obscura« auf, die wohlwollende Kritiken erhielt. Auf der Bühne wirkte sie wieder selbstsicher. Und das hatte seinen Grund. Sie bekämpfte ihre Heroinsucht mit der Ersatzdroge Methadon, nachdem Ari in ein lebensbedrohliches Drogenkoma gefallen war. »Heroin ist großartig, wenn man damit anfängt und nicht viel braucht. Es war großartig, damals«, so Ari. »Heute kann ich das nicht mehr sagen. Nein, es ist ein Killer. Ich lag im Koma. Ich war klinisch tot. Ich lag an einer Lungenmaschine. Meine Mutter besuchte mich. Sie wollte das Geräusch der Lungenmaschine aufnehmen und für ihre Platte verwen-den. Dann beschloss sie aufzuhören und auf Methadon umzusteigen. Das war 1986. Seitdem nahm sie nie wieder Heroin.« Stattdessen wurde sie strenge Vegetarierin und eine penible, fast putzsüchtige Hausfrau. Bei Konzerten in Ost- und Westeuropa entstand das Livealbum »Behind The Iron Curtain«. Außerdem begann sie nach Andy Warhols Tod am 22. Februar 1987 an ihrer Autobiografie zu schreiben. Es sah ganz so aus, als würde sie ihr Leben doch noch in den Griff bekommen. Das Einzige, was John Cale bei der gemeinsamen Japantournee 1988 störte, war ihre ewige Qualmerei und ihr Ego, das seinem absolut ebenbürtig war. Warhol-Star Paul Morrissey: »Nico war eine kindliche, infantile Person, sehr süß, aber durch die Drogen wurde sie furchtbar. In den 50ern war sie ein berühmtes Fotomodell, diese hellblonde Deutsche. Aber als sie dieses ganze Gift in ihren Adern hatte, wollte sie hässlich werden, denn wenn man in der Drogenwelt anerkannt werden will, dann muss man unattraktiv sein und hässliche Töne produzieren. Und sie schaffte es schrecklich auszusehen und schrecklich zu klingen, aber sie schlug einen selbstzerstörerischen Weg ein, als sie sich mit Heroin einließ. Sie hat lange gebraucht, um daran zu sterben, aber zu diesem Zeitpunkt hatte sie es bereits aufgegeben. Sie war auf Methadon, aber ihr Körper war vermutlich schon zerstört.«

Nicos ehemaliger Liebhaber Lutz Ulbrich veranstaltete 1988 ein Festival im Berliner Planetarium und lud Nico ein, die am 4. Juni 1988 mit ihrer Band The Faction auftrat. Dieses Konzert, das überaus erfolgreich war, sollte ihr letztes sein. Als Zugabe sang sie Lüüls Lieblingssong »You Forget To Answer«. Nico, die seit diesem Konzert an unerträglichen Kopfschmerzen litt, machte anschließend mit Ari Urlaub auf Ibiza, Lüül wollte nachkommen.

»Oh König lass dich leiten
lass mich dich begleiten ...

Auf diesem weiten Strand
ergreife meine Hand ...«
(Aus »Der König«, 1985)

Der 17. Juli 1988 war mit 40 Grad im Schatten der heißeste Tag des Jahres. Nico hatte einen Streit mit Ari, dann fuhr sie in der Mittagshitze trotz ihrer Kopfschmerzen los, um in der 10 Kilometer entfernten Ibiza-Stadt etwas Haschisch zu kaufen. Als Sonnenschutz hatte sie sich einen Turban umgewickelt. Auf dem Marktplatz begegnete sie dem Mann, der sie später auffand und ins Krankenhaus einlieferte. Sie lag auf dem Gehweg, konnte nicht sprechen und eine Seite war gelähmt. Er stoppte ein Taxi und nach einer Odyssee durch die Krankenhäuser der Insel, die sie abwiesen – angeblich, weil kein diensthabender Arzt zur Verfügung stand –, wurde sie schließlich im Rotkreuz-Krankenhaus operiert. Zu spät, wie sich herausstellte, denn sie starb noch in derselben Nacht an einem Blutgerinnsel im Gehirn. Da sie keiner erkannte, hielten sie alle für irgendeine Fixerin. Morrissey:

»Nico starb auf Ibiza, weil sie keine Krankenversicherung hatte. Sie trug diese furchtbaren wollenen Hippie-Klamotten, um ihre Figur zu verstecken, die wegen der Drogen aus dem Leim gegangen war. Und dann fuhr sie auch noch in der allergrößten Mittagshitze mit diesen Wollklamotten auf dem Fahrrad. Es war wohl ein kleiner Hitzeschlag, der leicht zu behandeln gewesen wäre. Aber der Mann, der sie fand, versuchte sie vergeblich in zwei oder drei der Krankenhäuser auf Ibiza einzuliefern, wo man sie abwies.« Ari, der den ganzen Tag vergeblich auf seine Mutter gewartet hatte, verständigte irgendwann die Polizei und erfuhr, dass sie in der Nacht gestorben war. Danach rief er Lüül in Berlin an, der sich gerade auf seinen Ibiza-Trip vorbereitete. Statt des geplanten Urlaubs musste er sich nun um die Formalitäten der Beerdigung kümmern, mit denen Ari völlig überfordert war. In ihrem Tagebuch fanden sie die Notiz, dass sie eine Feuerbestattung wollte, und daneben hatte sie das William-Blake-Gedicht »Tyger, Tyger« notiert. Daraufhin entbrannte ein letzter Streit zwischen den Hinterbliebenen, der zu zwei Totenfeiern führte. Manager Alan Wise bestand darauf, ihre Asche in den Mooren nördlich von Manchester zu verstreuen, weil das ihr Wunsch gewesen sei. Aber Lüül wollte die Urne in Berlin beisetzen. Wise gab nach, und Mike, ein befreundeter Vikar von ihm, richtete in seiner Kirche eine Totenfeier aus, der neben der Band nur ein paar Gestrandete und ein Landstreicher in Anorak und Wollmütze beiwohnten, während Wise Lyrik vorlas. Die zweite Totenfeier fand offiziell am 6. August 1988 in Berlin statt. Weil Nicos Band den Grabstein aus Manchester nicht im Bus einführen durfte und der neu bestellte in Berlin nicht rechtzeitig fertig wurde, stand zur Beerdigung im Friedhof Grunewald-Forst beim Wannsee an ihrem Grab, das neben dem ihrer Mutter liegt, nur ein kleines Schild: »Päffgen 16. 10. 1938–18. 7. 1988«. Neben Ari, der Band, dem Manager, dem Prediger Mike aus Manchester und einem Bluessänger aus Oldham namens Victor Brox war außerdem Nicos Tante Helma anwesend. Nicos ehemaliger Liebhaber Philippe Garrell war im geliehenen Anzug aus Paris angereist und stand mit seinem ehemaligen Konkurrenten Lutz alias

»Lüül« gemeinsam am Grab, als Ari die Urne einließ. Der Ghettoblaster spielte Nicos Version von »Mütterlein«. Für den Abend hatte Lutz ein Gedenkkonzert im Planetarium organisiert, um die Beerdigungskosten zu finanzieren, das Victor Brox mit einem Todes-Boogie einleitete. Dann wurden die Bandaufnahmen gespielt, die beim letzten Konzert von Nico dort entstanden waren.

»Ich glaube nicht, dass ich noch böse Erfahrungen machen kann. Ich habe sie alle hinter mir«, meinte Nico 1974. »Mir ist klar, dass man stirbt und dann tot ist. Aber es geht weiter, nur in einer anderen Form. Es gibt kein Entweichen.« Das wäre ein schönes, visionäres Schlusswort, aber wie bei so vielen Tragödien gibt es einen Überlebenden, der weiterleidet. In diesem Fall ist es Nicos und Alain Delons Sohn Ari. »Le Kid« war ganz der Sohn seiner verstorbenen Mutter, riss sich das Geld des Benefizkonzertes in Berlin für Drogen unter den Nagel und wollte sogar die restlichen Methadon-Flaschen von Nico verscherbeln. Und er bestand als Alleinerbe auf die Rechte an den Bändern ihres letzten Konzertes, einigte sich mit der Band dann auf 60 % für ihn, 40 % für die Musiker. Er war so dumm, die Bänder einem Typen in Los Angeles zu überlassen, der noch unveröffentlichtes Studiomaterial von Nico besaß und dieses, montiert mit den Berliner Liveaufnahmen, Enigma Records als »letzte Studioplatte« von Nico, als ihr Vermächtnis, für eine beachtliche Summe verscherbelte. »Hanging Gardens«, so der Albumtitel, war also ein jämmerlicher Nachlass und ein jämmerliches Geschäft. Ari, der Nicos Schönheit geerbt hat und den Ruhm seines Vater Alain Delon als Hypothek obendrein, empfand beides als Last. Auch das finanzielle Erbe brachte ihm kein Glück. Fatalerweise finanzierten die Tantiemen aus Nicos einzigem Album mit den Velvet Underground weiterhin seine Drogenkarriere, die ihn fast das Leben kostete. Als er zum ersten Mal die Tantiemen ausgezahlt bekam, verpulverte er alles für Heroin. »Ich war süchtig. Ich brauchte ein Gramm pro Tag. Schließlich rief ich meinen Psychiater in Paris an und ging zwei Wochen in eine Klinik. Als ich von den Velvet Underground einen Scheck bekam, flog ich nach Raroia, Tahiti. Ich nahm Valium, rauchte Pot, trank Bier, wurde zusammengeschlagen, verhaftet, und versuchte mich irgendwann mit einer Harpune zu töten. In New York verlor ich dann fast den Verstand.« Er verbrachte den Winter auf der Straße und wurde irgendwann aus dem eisigen Wasser des Hudson Rivers geborgen. Kurz darauf fiel er auf Staten Island durch eine Minenrutsche 15 Meter tief in eine alte Getreidemühle. »Seitdem habe ich Stahlnägel in meinen Füßen. Arbeiter fanden mich dort und meinten: ›Bist du verrückt?‹ Vielleicht stimmte das. Ich hatte kein Geld, keinen Pass, nichts.« Die Polizei lieferte ihn in die Psychiatrie ein, wo er mit Elektroschocks behandelt wurde. Ein Freund brachte ihn zurück nach Paris, wo er zwei weitere Monate in der Psychiatrie verbrachte. »Jetzt versuche ich zu mir selbst zu finden. Noch bin ich nicht stark genug dafür, aber eines Tages, wenn ich es sein werde, dann werde ich meinen Vater zur Rede stellen, und zwar nur meiner Mutter zuliebe«, erklärte er vor ein paar Jahren.« 1995 gestand er in einem Interview für die Filmdokumentation »Nico-Icon«, wie sehr ihm seine Mutter fehlen würde: »Ich vermisse sie zu küssen oder zu umarmen, ihre Hand. Sie hatte eine tiefe Stimme. ›Arilein‹ oder ›Arichen‹.« Damals hielt er sich mit dem Pool-Spiel über Wasser, das Einzige, was er wirklich beherrschte. Denn um seine Ausbildung hat sich nach dem Internat keiner mehr gekümmert und einer Arbeit ist er nie nachgegangen. Wie muss er sich fühlen, wenn er in den Zeitungen liest, dass sich die »legitimen« Söhne von Alain Delon mit dessen Hilfe ebenfalls als Schauspieler versuchen, dessen unberechenbares Temperament besitzen und für manchen Skandal am Rande sorgen? Zumal er nicht die Kämpfernatur seiner Mutter besitzt. »Tu was oder stirb. Marschiere oder verrecke. Das war ihre Art zu denken. Tu was oder stirb. Schaffe, um zu existieren. Das Harmonium war ihr so wichtig wie ein Mensch, es war ihre Seele. Sie war ein Leben lang eine Zigeunerin.«

Badfinger

Zwei Erhängte und ein verschwundener Sarg

(Peter William Ham: 1947–1975, Tom Evans: 1947–1983)

Mike Gibbins, Joey Molland, Tom Evans und Pete Ham

Badfinger war eine der vielversprechendsten Rockbands der 1970er-Jahre, was auch die Beatles erkannten. Viele damalige Musikgrößen machten sich das Talent der britischen Band zunutze. Alles lief auf eine große Karriere hinaus, als sie das Evergreen »Without You« komponierten. Doch sie gerieten in die Fänge korrupter Geschäftemacher, die das kreative Potenzial der Band skrupellos ausnutzten, sie in eine menschliche Tragödie stürzten und in Armut und Selbstmord trieben.

Für Badfinger begann alles wie bei den meisten Bands in den 60er-Jahren. Der musikbesessene Gitarrist und Sänger Pete Ham aus Swansea, Wales, gründete in der Aufbruchszeit von Pop und Rock eine Band nach der anderen, bis mit den Iveys eine Truppe stand, die aufhorchen ließ. Bill Collins, mit seinen 53 Jahren damals schon ein Opa in der jungen Szene, sah im März 1966 einen Auftritt der Band, erkannte ihr Potenzial. Manager zu werden allein reichte ihm nicht, er sah sich als omnipräsenter Mäzen und als gleichwertiges Mitglied der Gruppe. Für ihn war die Band die Eintrittskarte zu einer neuen Jugendlichkeit, zu Macht und Geld.

The Iveys bestanden damals aus Pete Ham (am 27. April 1947 als Sohn eines Hafenarbeiters geboren), dem Bassisten Ron Griffiths, Gitarristen Dai Jenkins und Schlagzeuger Mike Gibbins. Sie spielten melodischen Rhythm 'n' Blues. Mit Einverständnis der Eltern gaben sie ihre Ausbildungsplätze auf und zogen nach London in Collins Haus um. Pete: »Collins war der älteste Teenager der Welt und lebte in den Wolken.«

Collins stammte aus der Gegend von Liverpool und spielte vor dem 2. Weltkrieg in diversen Tanzbands Piano. Sein Sohn Lewis hatte mit der Popband The Mojos 1964 in England einen großen Hit mit »Everything 's Alright«. Bill chauffierte die Mojos durchs Land, war kurzfristig auch Roadmanager der Kinks, hatte folglich einige Kontakte in der Musikszene und die nötige technische Ausrüstung für eine Anfängerband – einen Tourbus und eine kleine Revox-Anlage zum Aufnehmen von Demonstrationsbändern. Er verschaffte ihnen einen Job als Begleitgruppe des damaligen Einhitwunders David Garrick und weitere Auftrittsmöglichkeiten. Sein größtes Verdienst aber war es, dass er die Band dazu anhielt, eigene Songs zu schreiben, wobei sich Pete Ham als Naturtalent erwies. Im Mini-Studio des Hauses nahmen sie ihre Song-Skizzen als Demos auf, nicht ohne Hintergedanken, denn Bill wollte an den Songs mitschreiben, was vermehrt zu hitzigen Diskussionen führte.

Pete lernte im Oktober 1966 seine langjährige Freundin, die dunkelhaarige, zierliche Beverley Ellis kennen. »Pete war von Haus aus sehr sanft, und ich bewunderte seine Zielstrebigkeit. Er wollte es unbedingt im Musikgeschäft schaffen, aber ohne dabei über Leichen zu gehen.«

Oft kam kein Geld rein, die Band hungerte sich praktisch durch, und Bill stand jedem Musiker nur 2 Pfund und 10 Shilling pro Woche zu. Trotzdem lehnte er diverse Angebote von Plattenfirmen ab, weil sie ihm »nicht angemessen« erschienen.

Im Dezember 1966 unterschrieb die Band einen fünfjährigen Managementvertrag, der Bill dazu berechtigte, alle geschäftlichen Belange der Iveys zu entscheiden. Dafür sollte Collins von allen Nettoeinnahmen 20 % bekommen. Mit anderen Worten: Collins verdiente denselben Anteil wie jedes der Bandmitglieder. Eine zusätzliche Klausel berechtigte ihn, seine Kosten für das »Management« in voller Höhe geltend zu machen. Bill behandelte die jungen Musiker wie unmündige Kinder, verbot Frauenbesuche, Kneipenrunden und alles, was von der Musik ablenke. Pete fügte sich, denn für ihn war Bill eine Vaterfigur, Dai hatte die Bevormundung von Bill satt und stieg aus.

Für ihn kam Tom Evans aus Liverpool (am 5. Juni 1947 als Sohn eines Maurers geboren). Das Ex-Mitglied der beliebten Rhythm 'n' Blues-Band Them Calderstones war ein begabter Gitarrist und Sänger mit dem typischen, etwas lauten und schrägen Liverpooler Beatles-Humor, der sich zudem als großartiger Songwriter erwies. Schon bald arbeiteten er und Pete Ham als Songwriter-Paar ähnlich symbiotisch wie Lennon/McCartney. Obwohl Bill Toms Talent bewunderte und förderte, kamen die beiden nie gut miteinander aus. Der selbstbewusste Tom war der erste Iveys-Musiker, der sich Bills autoritärem Verhalten offensiv widersetzte.

1968 gründeten die Beatles das eigene Plattenlabel Apple für ihre Soloprojekte und die Förderung neuer Talente. Dank Bill Collins' engen Kontakten zur Liverpool-Szene konnte er Paul McCartney und seine Mitarbeiter für die Iveys gewinnen. Nach diversen Demobändern unterschrieb die Band bei Apple einen Plattenvertrag. »Die Tantiemen betrugen 4 % vom Einzelhandelspreis für die ersten 100.000 Exemplare, und danach 5 %. Außerdem musste die Band pro Kalenderjahr mindestens 12 neue Songs abliefern.« Noch am selben Tag ging die Band mit dem renommierten Produzenten Tony Visconti ins Studio. Er war von den Iveys wirklich beeindruckt, vor allem von Pete, den er als Gitarristen gar mit Eric Clapton verglich. Neben dem Plattenvertrag schloss die Band auch einen Vertrag mit dem Musikverlag Apple Music ab. Demnach sollten die Anteile für die Verlagsrechte der Eigenkompositionen der Iveys zwischen der Band und dem Musikverlag 50:50 geteilt werden. Der Vertrag lief über drei Jahre mit einer Option über weitere zwei Jahre und war für die damalige Zeit sehr fair. Daraufhin pochte Collins auf eine interne Vereinbarung, die jedoch nur mündlich getroffen wurde. Für jeden Song, den ein oder mehrere Bandmitglieder verfassten, sollten den Autoren 25 % der Musikverlags-Einnahmen zukommen, die restlichen 75 % an die restlichen Bandmitglieder und ihn mit gleichen Anteilen gehen. Ron Griffiths Erinnerung nach lautete diese mündliche Übereinstimmung ganz anders: Collins hätte 50 % für die Songwriter vorgeschlagen und 50 % für ihn und die restliche Band. Zudem stimmte die Band schriftlich zu, dass ab sofort alle Einnahmen der Band direkt an Collins gehen sollten.

Die Karriere der Iveys litt von Anfang an unter dem geschäftlichen Missmanagement bei Apple, schlechter bis gar keiner Werbung, nachlässiger Betreuung der Plattenläden und der Skepsis in der britischen

Presse dem Beatles-Unternehmen gegenüber. Obwohl es die Debütsingle »Maybe Tomorrow« 1969 in die deutschen Top 5 schaffte, in Holland sogar auf Platz 1, ging sie in England und Amerika sang- und klanglos unter, die Veröffentlichung des ersten Albums wurde aus organisatorischen Gründen endlos verschoben. Als Wiedergutmachung bot Paul McCartney der Band an, am Soundtrack zu dem Film »The Magic Christian« mitzuwirken, eine Komödie mit Peter Sellers, Ringo Starr und Raquel Welch. Dafür überließ er ihnen den Song »Come And Get It«, den er bereits geschrieben hatte, mit dem sie in England auf Platz 4 und in den USA auf Platz 7 landeten. Doch während der Plattenaufnahmen mit Beatles-Produzent George Martin stieg Ron Griffiths aus, der inzwischen Frau und Kind hatte. Weil auf Anhieb kein optimaler Ersatz zur Stelle war, beschloss Gitarrist Tom Evans vorübergehend die Rolle des Bassisten zu übernehmen. Die Band nannte sich in Badfinger um, eine Anspielung auf »Bad Finger Boogie«, ursprünglich der Arbeitstitel des Beatles-Songs »With A Little Help From My Friends«.

Als der 1947 in Liverpool geborene Joseph Charles »Joey« Molland als neuer Gitarrist zu Badfinger stieß, blieb Evans beim Bass und die Band schlug eine härtere, rockigere Stilrichtung ein, heute Power-Pop genannt, eine Umschreibung für melodische Songs mit schweren Gitarren. Mit Joey Molland veränderte sich aber auch die Chemie der Band. Er hatte mit den Walker Brothers bereits Starluft gerochen und war etwas großmäulig und angeberisch. Seine frappierende Ähnlichkeit mit Paul McCartney war der Band, die ohnehin im Kielwasser der Beatles schwamm, eher hinderlich. Aber er konnte Songs schreiben, was damals vor allem für Bill zählte. Im April 1970 nahmen Badfinger vier Eigenkompositionen für das neue Album »No Dice« auf, darunter auch »Without You« von Pete Ham und Tom Evans. Sie hatten den Song bereits vor Mollands Eintritt in die Band 1969 komponiert und eine Rohversion auf einem Demo niedergelegt – der strittige Punkt aller späteren, juristischen Auseinandersetzungen, die der immense Welterfolg des Songs bis heute nach sich zieht. Mit »No Matter What«

enthielt die LP eine weitere, große Hitsingle, doch der Refrain, der jedem Musikliebhaber im Ohr ist, ist der von »Without You«:

»I can't live
If living is without you,
I can't live,
I can't give any more,
Can't live
If living is without you.
I can't give,
I can't give any more ...«

In der Folgezeit wirkten Pete Ham, Tom Evans und Joey Molland an diversen Plattenaufnahmen von George Harrison und John Lennon mit, darunter »It Don't Come Easy«, »My Sweet Lord«, dem Album »All Things Must Pass«, »Try Some Buy Some« für das Album »Living In The Material World« und dem Lennon-Album »Imagine«.

Apple drängte auf eine USA-Tournee und Bill dazu, dort »einen Agenten« zu engagieren. Der unerfahrene Collins geriet an die schillernde Figur von Stan Polley, 1922 geboren, der sich als einer der größten Schwindler, Hochstapler und Gauner der Showbranche herausstellen sollte. Der gescheiterte Winkeladvokat, Gebrauchswaren- und Schrotthändler hatte aber damals bereits so große Stars wie Lou Christie und den Bluesrocker Al Cooper unter Vertrag. Er war ein begnadeter Bluffer und jonglierte mit Worten und Millionen genauso geschickt wie andere mit Tennisbällen. Als erstes musste die Band ein Dokument unterschreiben, das Polley dazu berechtigte, im Namen der Band alle Verträge persönlich zu unterschreiben, also nicht nur jene für die bevorstehende USA-Tournee. Joey lernte während dieser Tournee seine spätere Frau Kathie Wiggins aus Minneapolis kennen. Das Fotomodell war eine willensstarke, ehrgeizige, streitsüchtige und sehr manipulative Person, verglich sich selber gern mit Yoko Ono, und Joey mit

John Lennon. Sie setzte alles daran, die Bandgeschäfte zugunsten ihres Mannes zu lenken, was die Stimmung in der Band zunehmend vergiftete.

Polley präsentierte der Band schon im November einen Vertrag, der besagte, dass er mit 30 % an allen Bruttoeinnahmen der Band beteiligt sei, diese aber in eine gemeinsame Firma investieren würde, die allen zugute käme. Fatalerweise konsultierte Bill keinen unabhängigen Anwalt, um die Verträge überprüfen zu lassen. Nur Tom Evans war misstrauisch und weigerte sich bis zum Tourneeende zu unterschreiben. Doch der Druck von Polley und der Band war so groß, das er schließlich nachgab. Seiner Freundin Marianne erklärte er, »dass er sich nun mit Haut und Haaren verkauft« hätte. In den folgenden Monaten strukturierte Polley die Bandfinanzen so raffiniert um, bis alle Gelder in ein unübersichtliches Firmengeflecht von ihm namens Badfinger Enterprises Inc. (BEI) flossen, auf das nur er Zugriff hatte. Auf diese Weise sollten Steuern gespart, Aktien gekauft und die Musiker bald zu Millionären werden. Ab da musste Collins alle Einnahmen der Band an Polley und BEI überweisen.

In England wurde Polley von Stan Poses als Vizepräsidenten von BEI vertreten. »Damals hatte ich keine Ahnung, was Polley wirklich vorhatte und machte mir keine Gedanken.« Badfinger und Bill standen auf Polleys Gehaltsliste und wurden so kurz gehalten, dass sie sich nur das Nötigste leisten konnten und ständg verschuldet waren. Die Bandmitglieder bekamen genau 50 Pfund pro Woche pro Mann, als ihre Single »No Matter What« im Januar auf Platz 5 der britischen Charts stand.

Pete und Beverley, die jahrelang von Ehe gesprochen hatten, trennten sich überraschend. Pete liebte Beverley noch immer und hatte ein schlechtes Gewissen, weil er sie der Band zuliebe so lange hingehalten hatte. Freunde registrierten besorgt, dass Pete brennende Zigaretten auf seiner Hand ausdrückte, was sich zur Gewohnheit entwickelte. Für Stan Poses war der stille, zurückhaltende Pete derjenige, der »auf der Bühne das meiste Charisma besaß, obwohl er sich kaum bewegte.« Nach der Tournee zog die Band mit Kind und Kegel aufs Land, in das Clearwell Castle in Südwales, mit einem großen Garten und genug Platz für einen Übungskeller und ein Heimstudio.

George Harrison lud die Band ein, bei seinem Benefizkonzert »Concert For Bangla Desh« neben Bob Dylan, Ringo Starr, Klaus Voormann, Billy Preston, Eric Clapton, Ravi Shankar und anderen prominenten Musikern aufzutreten. Die beiden Shows am 1. August 1971 im Madison Square Garden vor 17.000 Zuschauern wurden auch für ein Album und einen Kinofilm mitgeschnitten. George Harrison betreute anfangs auch das neue Album der Band »Straight Up«, das Ende 1971 erschien, spielte sogar auf dem Badfinger-Song »Day After Day« simultan mit Pete die Slide-Gitarren. Doch dann verlor er das Interesse und überließ die Fertigstellung dem jungen, amerikanischen Musiker Todd Rundgren.

Eines Tages hörten Badfinger aus dem Studio nebenan eine völlig neue Version von Petes und Toms Song »Without You«. Der Amerikaner Harry Nilsson nahm sie für sein neues Album auf und lud sie ins Studio zum Essen und einer Flasche Wein ein. »Ich ließ das Licht löschen und das Band auf voller Lautstärke abspielen ... sie saßen da wie vom Donner gerührt.« Danach meinten Pete und Tom, der Song würde jetzt genau so klingen, wie sie sich nie getraut hätten ihn aufzunehmen. »Nilssons Version zeigte uns, was man mit einem Song und einer guten Produktion machen kann, und mit einem guten Sänger. Das hat uns umgehauen.« Nilsson war ein profilierter Songwriter, der etliche Hits für andere komponiert hatte, bevor er durch den Top-10-Hit »Everybody's Talkin'« auch als Sänger bekannt wurde – und ein enger Freund der Beatles. Die Badfinger-Nummer hatte er auf einer Party gehört.

Anfang 1972 standen die Badfinger-Singles »Day After Day« und »Baby Blue« hoch in den englischen und amerikanischen Charts. Trotz eigenständigem Sound gelang es der Gruppe aber auch dieses Mal nicht, sich aus dem Schatten der Beatles zu lösen, zu eng waren die Verbindungen zu George Harrison und Apple. Dort herrschten inzwischen derartig chaotische Verhältnisse, dass sich die Aufnahmen zum Nachfolgealbum von Badfinger mit wechselnden Produzenten bis ins Frühjahr 1973 hinzogen. Die Beatles hatten die Lust an der Firma längst verloren und konzentrierten sich auf ihre Solokarrieren. Aus diesem Grund wurden auch die längst überfälligen Platten- und Verlagstantiemen nicht abgerechnet.

Polley wiederum zwang der Band ein unmenschliches Tournee-Pensum oft mit zwei Auftritten pro Tag quer durch Amerika auf und jonglierte weiterhin mit undurchsichtigen Verträgen, die verhinderten, dass sie an ihr Geld kamen. Im April 1972 hatte er Collins' Vertrag verlängert und die Band stimmte aus Loyalität zu. Damit hatte dieser weiterhin Anspruch auf ein Fünftel aller Bandeinkünfte. Eine lange Diskussion entbrannte jedoch über eine große Einkommensquelle – die Musikverlagsrechte.

Polleys neuer Regelung nach verlor Pete, der die meisten Songs beigesteuert hatte, durch die neue Vereinbarung die größte Summe. Gary Pickford-Hopkins, ein befreundeter Musiker aus Wales, mit der Band Wild Turkey ebenfalls auf Tour, traf Badfinger zufällig in seinem New Yorker Hotel. Er war entsetzt, dass sie wie arme Hunde lebten und sich nicht einmal einen Drink leisten konnten. »Ich lud sie alle zum Abendessen ein.« Zu diesem Zeitpunkt stand die Band mit ihrer Single »Day After Day« auf Platz 5 und Harry Nilsson mit der Coverversion von »Without You« auf Platz 1 der US-Charts und hätte im Geld schwimmen müssen. Im Londoner Apple-Büro wurde später zu Ehren von Badfinger und dem Erfolg von »Without You« eine Party veranstaltet, der auch Harry Nilsson beiwohnte. Man überreichte Badfinger eine Silberne Schallplatte. An diesem Tag erklärte der schon lange frustrierte Mike seinen Ausstieg, für Pete ein weiterer Schlag, der jede Trennung eines alten Weggefährten als persönliche Niederlage betrachtete. Al Steckler von Apple Records: »Pete wollte sich eine Karriere aufbauen. Er war ein sehr ernsthafter junger Mann, intelligent, ein interessanter Gesprächspartner, ein echter Gentleman.«

Der Plattenvertrag mit Apple lief in einem Jahr aus, die Band hätte ihn gerne verlängert, aber Polleys pokerte zu hoch. Er wollte den aktuellen Marktwert der Band für sich nutzen. Also verhandelte er mit Warner Brothers Records USA, die vor allem an Pete Ham interessiert waren. Seit dem Erfolg von »Without You« erkannten viele in der Branche sein ungewöhnliches Songwriter-Potenzial. Warner boten drei Millionen Dollar für sechs Alben, die Summe klang imposant. Aber nach Abzug der Steuern und Polleys Anteil würde der Band auch nicht viel mehr als bei einem Vertrag mit Apple bleiben. Für Polley jedoch ging es um den Vorschuss von 100.000 Dollar, den er sofort einkassieren konnte.

Stan Poses verließ Polleys Agentur und gab Badfinger den Rat, nichts mehr zu unterschreiben und sich einen guten Anwalt zu suchen. Polley jedoch seifte die Band mit großzügigen Gesten ein, manipulierte den misstrauischen Tom mit Geschenken wie etwa einem Porsche, versprach für die Eltern der Musiker Häuser zu bauen und spielte sie mit unterschiedlichen Honorarvorschüssen gegeneinander aus. Pete vertraute Polley weiterhin, hatte aber andere Bedenken – zwei Alben pro Jahr neben den anstrengenden Tourneen schienen ihm zu viel. Trotzdem unterschrieben alle den Warner-Vertrag am 4. Oktober 1972. Pete erzählte seinem älteren Bruder John, Polleys Mitarbeiter hätten ihrem Chef zum Geburtstag einen am Kreuz gepeinigten Christus geschenkt, und das mit der Unterschrift: »Wenn doch nur Stan Polley sein Manager gewesen wäre, dann wäre dies nie geschehen.«

Im März erhielt Harry Nilsson einen Grammy für »Without You« als »bester Popsänger des Jahres«, und das englische Pendant, den Ivor Novello Award für den »besten Song« und »internationalen Hit des Jahres«. Aufgrund von Vertragsunstimmigkeiten mit Joey Molland hielt Apple das neue Album »Ass« zurück. Das ermöglichte Polley wiederum Warner sofort ein neues Album der Band anzubieten, mit dem sie anschließend auf Tournee gehen sollte. Joe Smith, Präsident der Warner, erklärte, Polley hätte ständig auf Vorschüsse gedrängt, weil die Band Finanzprobleme hätte. Eine von Polley versprochene Zahlung über 2000 Pfund an Pete tauchte nie auf dessen Konto auf, den anderen Musikern ging es ähnlich.

Die Band spielte mit dem Produzenten Chris Thomas im Juni 1973 überhastet das Album »Badfinger« für Warner ein. Fast zeitgleich mit dem ersten Warner-Album erschien auch die letzte Apple-LP »Ass«, was Fans und Presse gleichermaßen verwirrte. Apple stand vor dem Bankrott, durch den alle Verlagstantiemen für Badfinger eingefroren wurden. Polley reichte eine Klage gegen Apple ein, er wollte unbedingt Zugang zu den Badfinger-Geldern gewinnen. Nach vier Jahren mit großen Hitsingles und lukrativen Tourneen zog Stan Polley Badfinger jahrzehntelang in einen der kostspieligsten Rechtsstreit der Branche diesseits und jenseits des Atlantiks, an dem bis heute nur die Anwälte verdient haben.

Pete Ham ging es auch privat nicht gut. Die Band war aus dem Castle ausgezogen und lebte zum ersten Mal nicht mehr unter einem gemeinsamen Dach, was Pete vermisste, für den die Band immer zugleich Großfamilie gewesen war. Kathie und Joey hatten geheiratet, ebenso Marianne und Tom. Und seine Hoffnung auf eine Versöhnung mit Beverley wurde jäh zerstört, als sie Ende des Jahres nach Afrika ging, um dort ihren Freund Colin Tucker zu heiraten. Weihnachten verbrachte er bei seiner Familie in Swansea und kümmerte sich um Anne, die Frau des Roadies Fergie Ferguson, der sie und ihren kleinen Sohn Blair nach einer Operation im Stich gelassen hatte. Anne: »Er hörte zu, er war wie ein großer Bruder zu mir.« Die Turbulenzen, in die Badfinger im Jahr 1974 gerieten, schweißten die beiden noch enger zusammen. Anne verließ ihren untreuen Ehemann in Amerika während der Aufnahmen zum zweiten Warner-Album, von dem sich die Plattenfirma ein triumphales Comeback der Band erhoffte. Die Umstände während der Aufnahmen sprachen allerdings dagegen.

Warner wollte von Polleys Anwalt Hofer wissen, was mit dem Vorschuss von 100.000 Dollar geschehen sei. Dieser erklärte, er hätte das

Geld an Polley weitergereicht, der alle Anfragen seitens der Plattenfirma ignorierte, die daraufhin Nachforschungen über die Person Polley anstellte und dabei auch auf Verbindungen zur Mafia stieß. Polley konfrontierte die Band während der Plattenaufnahmen mit einem Berg neuer Verträge, die ihn zum Einkassieren der kompletten Apple-Gelder berechtigten, für die er eine neue, gemeinsame Firma gründen wollte. Nach Polleys Besuch auf den Caribou Ranch Studios flippte Tom völlig aus. Produzent Chris Thomas: »Er konnte weder spielen noch komponieren.«

Was sie damals noch nicht wussten – Ed Silvers von Warner hatte Polley informiert, der Badfinger-Vertrag sei vorerst außer Kraft gesetzt: »Ich hatte das Gefühl, dass wir von echten Haien abgezockt wurden.« Was sie wussten: Polley besaß eine Waffe, mit der er schon andere Klienten im Büro bedroht hatte. Polley teilte Warner mit, die Vorschüsse für die beiden Alben würden auf einem Treuhänderkonto für eine neue Firma namens Pamalan Management liegen. Auf die Konten der Musiker hingegen kam so gut wie gar kein Geld mehr. Pete wollte mit Anne eine Familie gründen und träumte von einem kleine Haus auf dem Land, um in Ruhe Songs zu schreiben. Nach den Aufnahmen zu »Wish You Were Here« stellte er ohne Bill und Polley für Badfinger eine kleine Englandtournee zusammen, doch ihnen fehlten selbst die geringen Summen für eine anständige Anlage und einen Bandbus. Auf Anraten der Anwälte zog Warner im Herbst 1974 das neue Album kurz nach Veröffentlichung wieder vom Markt zurück. Nach einer heftigen Auseinandersetzung mit der Band stieg Pete zur Überraschung aller aus, kam aber Wochen später wieder, als er hörte, die Band würde seinetwegen den Warner-Vertrag verlieren. Doch nun machte Joey seine Drohung wahr und verließ im November 1974 die Gruppe. Dabei soll Kathie noch etliche Studiobänder geklaut haben. Völlig übereilt spielte die Band Ende des Jahres 1974 noch ein drittes Album für Warner ein, »Head First«, das nie veröffentlicht wurde, denn die Plattenfirma löste ihren Vertrag Anfang 1975 endgültig auf.

Polley hatte auf die Aufforderung, die 175.969 Dollar Vorschüsse zurückzubezahlen, nicht reagiert. Damit kamen alle geschäftlichen Dinge von Badfinger komplett zum Erliegen. Alle Bemühungen der Band, aus dem Vertrag mit Polley auszusteigen, kamen zu spät. Interessenten an der Band erklärten, sie müssten erst einmal das Polley-Debakel regeln, bevor sie einen Neubeginn wagen konnten.

Pete Ham fand, unweit von Tom Evans' Domizil, in Surrey ein Haus mit Garage und Garten. Es kostete möbliert 20.000 Pfund, und er zahlte 5000 davon an. Pete lieh sich über die Bank Geld und gab für einen Überbrückungskredit seine Lebensversicherung als Garantie, die er schließlich veräußern musste, ohne die Schuld völlig begleichen zu können. Polleys Scheck, der im März kam, war nicht gedeckt, der vom April kam überhaupt nicht, und Polley war nicht erreichbar. Pete Hams Familie und Freunde machten sich um den Musiker ernstlich Sorgen. Im April besuchte Pete seinen Bruder John und meinte, er würde gern ein eigenes Studio im Haus bauen, hätte aber kein Geld dafür. Und Anne sei schwanger. Wie katastrophal seine finanzielle Lage tatsächlich war, wusste aber keiner. Er war viel zu stolz, die Hilfe seines Bruders anzunehmen: »Dabei hatten seine Schuhsohlen Löcher, seine Klamotten waren uralt, er konnte sein Auto nicht reparieren, ich verstand das einfach nicht.«

Am Abend des 23. April 1975 traf sich Pete nach einem Anruf aus Amerika mit Tom im Pub. Als er um 23 Uhr nicht zurück war, ging Anne zu Bett. Tom meinte später, Pete hätte in einer Stunde mindestens 10 Whiskeys gekippt und ihm erklärt, dass er mit Polley abgeschlossen hätte. Sie sollten sofort Stan Poses anrufen und engagieren, was sie dann zuhause bei Tom taten. Poses war begeistert und schmiedete Pläne für eine Tournee. Tom meinte, sie hätten an diesem Abend sogar noch an ein paar Songs gearbeitet, was Marianne bestätigte. Tom brachte seinen Freund Pete gegen 0.30 Uhr nachhause, und sie hätten im Auto weitergeredet. Beim Abschied hätte Pete gemeint: »Mach dir keine Sorgen, ich weiß schon einen Ausweg. Auf

Wiedersehen, Tom.« Das irritierte Tom, denn Pete sagte normalerweise vielleicht »Tata« oder »bis bald«, aber niemals »Auf Wiedersehen«. Polleys Mitarbeiter Richard Duryea behauptet, er hätte am 23. April in Los Angeles einen Anruf von Pete bekommen, der betrunken klang. Er wollte Polley erreichen, konnte es aber nicht. Beverley war mit ihrer Schwester bei den Eltern auf Besuch, als spät das Telefon klingelte. Aber es meldete sich keiner. Sie dachte, ihr Mann hätte versucht sie aus Afrika zu erreichen und vermutete später, es sei der verzweifelte Pete gewesen.

Am 24. April wurde Anne gegen 7 Uhr morgens wach und stellte fest, dass Pete nicht im Bett lag. Sie ging zur Garage, in der er oft nächtelang durcharbeitete. Als sie die Tür öffnete, sah sie Pete, der sich erhängt hatte. Sie rief panisch Tom an, der sofort die Polizei verständigte. Neben Pete wurde eine halbleere Weinflasche gefunden. In seinen Notizbüchern auf dem Regal fand Anne schließlich folgende Botschaft:

»Anne, I love you
Blair, I love you.
I will not be allowed to
love and trust everybody
This is better
Pete

PS: Stan Poley is a souless bastard
I will take him with me.«*

Peter William Ham starb drei Tage vor seinem 28. Geburtstag.

---

* Anne, ich liebe dich. Blair, ich liebe dich. Es ist mir nicht vergönnt, jemanden zu lieben und zu vertrauen. Es ist besser so. Pete
PS: Stan Polley ist ein seelenloser Bastard, ich werde ihn mit mir nehmen.

Der langjährige Ex-Apple-Mitarbeiter Richard DiLello war empört, wie wenig Reaktion auf Pete Hams Tod folgte. Bei einem Branchentreffen 1976 meinte er wütend: »Im Falle von Pete Ham waren alle viel zu sehr damit beschäftigt, sich selbst die Taschen vollzustopfen, statt sich die Zeit zu nehmen und zu fragen, wie es ihm ging. Während alle wegsahen, ging Pete Ham in seine Garage und erhängte sich. Das Ergebnis: Wir können ein weiteres Opfer auf die Liste sitzen, die da heißt: ›Keiner hat sich von ihnen verabschiedet ...‹« Die Beatles drückten erst Jahre später in Interviews ihr Bedauern über Pete Hams Tod aus.

Kurz nach Petes Selbstmord rief das Büro Polley bei Anne an. Eine Frau bat sie, in einem Brief klarzustellen, dass Polley nichts mit Petes Tod zu tun hätte. Anne lehnte natürlich ab. Petes Bruder John erhielt das Schreiben einer Versicherungsfirma aus Amerika, die Petes Todesumstände klären wollte. Polley hatte am 1. September 1974 dort auf Petes Namen eine Lebensversicherung über 250.000 Dollar abgeschlossen, von der im Todesfalle die Firma Badfinger Enterprises Inc (BEI) profitieren sollte. Polley hätte das Geld angefordert, die Todesursache als unbekannt angegeben. John Ham schickte den Totenschein und hörte nie mehr etwas. Bei Recherchen im Jahr 1993 stellte sich nur heraus, dass »die Police nicht mehr aktiv war«, nicht aber, ob das Geld ausgezahlt wurde. Am 31. Mai 1975 bekam Anne Ferguson eine Tochter und nannte sie Petera Ham.

Tom Evans, der sich nach Petes Tod sehr stark gezeigt hatte, brach Monate später zusammen und erklärte Beverley, er würde sich fühlen, »als sei ein Teil von ihm selbst gestorben«. Er arbeitete als Handwerker und fuhr Taxi. Im Januar 1977 wurde sein Sohn Stephen geboren. Inzwischen tobten weiterhin die Rechtsstreitigkeiten um die verschwundenen Millionen, die noch vorhandenen und künftigen Einnahmen der Badfinger, ohne dass die Musiker Geld sahen. Im April 1978 gründeten Tom und Joey eine neue Badfinger-Formation, die in wechselnden Besetzungen auf Tournee ging und billig produzierte Platten einspielte. Bis Ende 1979 waren die eingefrorenen Verkaufs- und Verlagstantiemen der Apple-LPs auf fast 85.500 Pfund angewachsen.

Im Sommer 1981 überwarfen sich Joey und Tom so sehr, dass sie zeitweilig unter dem Namen Badfinger mit verschiedenen Bands Konzerte gaben und gegeneinander klagten. Toms finanzielle Lage war so verzweifelt, dass er sich auf einer Amerikatournee von dem dubiosen und brutalen Veranstalter und Manager John Cass erneut über den Tisch ziehen ließ. Mit Alkohol und Drogen vollgepumpt verkaufte er ihm pauschal alle zukünftigen Songrechte – und die aus der Vergangenheit, über die er aufgrund alter Verträge und den juristischen Querelen gar keinen Anspruch hatte. Ab da überzog ihn John Cass mit Gerichtsklagen in Millionenhöhe und bedrohte ihn auch körperlich. Am 19. August 1983 telefonierte Tom mit dem Schlagzeuger Steve Crainer, der in Joeys Badfinger-Formation gearbeitet hatte. Auf die Frage, ob er wieder auf Tour gehen würde, antwortete Tom: »Nein, ehrlich gesagt fühle ich mich wie tot ...«

Ende August 1983 suchte Tom wegen seiner Alkoholsucht, der Schlaf- und Eheprobleme einen Arzt auf, der ihm ein Beruhigungsmittel verschrieb. Einem Stammgast in seinem Stammlokal White Hart erklärte er, er würde sich umbringen. Er hätte schon den Strick gekauft. Der Mann kümmerte sich die ganze Nacht um ihn und brachte ihn morgens zu seiner Familie zurück. Toms Mutter, die auf Besuch war, war wegen seiner Depressionen tief besorgt. Marianne nach sah er keinen Ausweg mehr und hatte Angst, wegen der Schulden das Haus zu verlieren. Ab Ende Oktober wurde es zur Gewohnheit, dass Tom spätnachts Freunde anrief und meinte: »Ich bringe mich um.« Sein Bandkumpel Rod Roach fuhr dann mitten in der Nacht los. »Meist hatte er sich dann wieder gefangen ... aber es war anstrengend für mich.« Am 17. November erklärte er seinem Bandkollegen Bob am Telefon, sie sollten die ganze Badfinger-Sache vergessen und eine neue Band auf die Beine stellen und nur noch in England in kleinen Clubs spielen. Als Bob wissen wollte, wie sie das finanzieren sollten, meinte er nur: »Warte ab, ich krieg das Geld zusammen. Ich melde mich bald wieder.«

Am 18. November 1983 bekam Marianne Besuch von ihrer Freundin Kerstin und Tom ging ins Pub. Als er heimkam, riefen er und Marianne die Ex-Frau von Mike, Gaynor Gibbins, an, um ihr zum Geburtstag zu gratulieren. Er sang für sie »Happy Birthday« und schien gut gelaunt. Marianne, Kerstin und Tom genehmigten sich ein paar Cognacs. Marianne bekam mit, dass Kerstin Tom ein paar Pillen gab, die er schluckte, überging das aber. Kurz danach rief Tom bei Joey in Amerika an. Kerstin und Marianne brachen in diesem Moment zum Pub auf, Tom wollte auf Stephen aufpassen. Joey erklärte später, Tom sei wegen der Apple-Sache deprimiert gewesen. Als Joey meinte, sie könnten die Sache nur vor Gericht klären, eskalierte das Gespräch. Und als Marianne und Kerstin eine Stunde später zurückkamen, führte Tom immer noch das hitzige Telefonat. Gegen 23.30 Uhr knallte er den Hörer auf die Gabel. Die beiden Frauen erklärten der Polizei später, er hätte gesagt: »Bis ich das Geld habe, bin ich tot.« Marianne meinte, Joey wäre so laut geworden, dass sie fast jedes Wort im Raum verstand. Erstaunlicherweise hätte sich Tom aber schnell beruhigt, wäre so ruhig wie seit langem nicht mehr gewesen, hätte seine alten Everly-Brothers-Platten aufgelegt, dann zur Gitarre gegriffen. Sie hätten zusammen gesungen und richtig Spaß gehabt. Als sie gegen 1.30 Uhr schlafen ging, hätte Tom weiterhin Platten gehört. Am nächsten Morgen entdeckte Marianne Tom im Garten, wo er sich an einem Baum erhängt hatte.

An diesem Nachmittag bekam Marianne angeblich überraschend Besuch von Bill Collins, der ihr Geld anbot, wenn sie ein paar Papiere unterschreiben würde, was sie ablehnte. Bill bestritt das später. Die Besitzer von Toms Stammkneipe White Hart Pub pflanzten zu seinem Gedenken einen Baum im Hinterhof. Alle meinten, Tom sei nie über den Tod von Pete hinweggekommen. Marianne: »Ohne seinen besten Freund fühlte er sich verloren und einsam. Er hat oft gesagt, ›ich möchte da sein, wo er ist …‹.« Tom Evans wurde 36 Jahre alt.

Nach Tom Evans Tod wurden die Gerichtsverfahren zwischen den unterschiedlichsten Parteien noch verwickelter. Marianne, die allein mit einem Kind dasaß, konnte sich die Anwälte nicht mehr leisten. Auch der Pete-Ham-Erbengemeinschaft ging irgendwann einmal das Geld aus. Polley hatte nach Pete Hams Tod alle Rechte an den Geschäftsmann Brock verkauft, der nachweisen konnte, dass Polley mehrfach seine Unterschrift gefälscht hatte. Polley wurde im September 1988 verhaftet, aber wegen schlechter Gesundheit im Oktober 1991 auf fünf Jahre Bewährung entlassen. Da er zuvor sein ganzes Vermögen seiner Frau vermachte, kommt bis heute keiner an Polleys Gelder ran.

Am 15. Mai 1995 flogen Marianne und ihr 19-jähriger Sohn Stephen nach Los Angeles zu den ASCAP Pop Music Awards. 1994 hatte Mariah Carey »Without You« neu veröffentlicht, der zu den 50 meistgespielten Songs des letzten Jahres gehörte. Doch Pete Ham und Tom Evans wurden nicht als alleinige Songwriter geehrt, sondern auch Bill Collins, Michael Gibbins und Joey Molland, die den Preis entgegennahmen. Pete Hams Tochter Petera Ham reiste erst gar nicht an. Harold Bronson, Präsident von Rhino Records, der 1990 eine CD-Compilation von Badfinger-Songs herausbrachte, konnte es nicht fassen: »Sind das jetzt auch noch Grabräuber, dachte ich.«

Bis heute haben »Without You« über 100 Künstler aufgenommen und der Song war in unzähligen Werbespots wie »Nonchalance – der Duft, der dich mit Charme umgibt« zu hören. Die jährlichen Tantiemen für die Komposition belaufen sich auf sechsstellige Zahlen in US-Dollars.

1994 verstarb Harry Nilsson, der den Song zum Welthit machte, kurz vor dem Erdbeben in San Francisco. Bis zur Beerdigung wurde sein Sarg in einem Mausoleum auf einem Hügel aufgebahrt. Beim Erdbeben wurde dieser Hügel samt Sarg von einer Erdspalte verschluckt. Einige Tage später, bei der feierlichen Beerdigung, wurde ein leerer Sarg ins Grab gelassen. So jedenfalls hat es die Sängerin Marianne Faithfull erzählt, das ehemalige Playgirl von Mick Jagger und Keith Richards.

Manche Lebensgeschichten sind so tragisch, dass man sie verfilmen muss. Was auch der Plan von Regisseur Tony Baird ist (»Quadrophenia« und »McVicar«), der dazu meint: »Eine Geschichte, die im Rockgeschäft immer wieder läuft. Zwei schreiben einen Hit und sehen keine Mark.«

Sid Vicious

Der Punk und seine Heroin-Queen

(John Beverley bzw. Simon Sidney Ritchie: 1957–1979,
Nancy Spungen: 1958–1978)

Nancy & Sid

Sid Vicious ist wohl die traurigste Gestalt, die die Rockszene je hervorgebracht hat. Die Rocktoten spiegeln in gewisser Weise immer ihre Zeit und ihre Generation wider. Bei Punk war es folglich nicht der große Star, der glamourös alle anderen überstrahlte, bevor er abtrat, sondern die Nebenfigur, der ewige Verlierer auf der Straße aller Verlierer; nicht der »King«, sondern der Narr, der traurige Clown.

Obwohl die Sex Pistols nur knapp zwei Jahre existierten, veränderten sie die Musikszene bis auf den heutigen Tag drastisch. Sie waren nicht nur die nihilistischen, skandalträchtigen und medientauglichen Galionsfiguren der »Hate & War«-Bewegung. Sie machten erneut klar, wie gefährlich Rockmusik sein konnte, wenn sie nicht angepasst war, und wie sehr sich die Gesellschaft von ihr bedroht fühlte.

Obwohl die Pistols Plattenverträge mit großen, etablierten Firmen hatten, gaben sie den Startschuss für die Independent-Szene, ermutigten unzählige Amateurbands und Dilettanten, zum Instrument zu greifen, Drei-Akkord-Wunder, die ihr eigenes Ding ohne die Musikindustrie auf eigene Faust machten.

Wie alle Rockgenerationen brauchten auch die der Punks einen Märtyrer, einen, der zu früh und auf tragische Weise starb. Das beste Opfer dafür war Sid Vicious, der Bassist der Sex Pistols, der nicht spielen konnte, das Aushängeschild der bösen, verrückten Buben, den man gut vermarkten konnte, der Antistar. In Wirklichkeit war er alles andere als abgebrüht, sondern ein gutmütiger, verwirrter, unreifer, schnell aggressiver Junge, der seine chaotische Mutter liebte. Am besten ging es ihm, wenn er mit seinen Kumpels in den Londoner Pubs ein paar Bier kippte, Dartpfeile auf die Scheibe warf oder ein bisschen Musik machen konnte. Sid rebellierte des Rebellierens willen, aus Langeweile, aus Sucht nach Anerkennung. Er hasste Erwachsene und wollte folglich nie erwachsen werden. Sein Kumpel John Lydon alias Johnny Rotten nannte ihn eine »liebe Seele«. Schon deshalb war er einer negativen Urgewalt wie dem amerikanischen Groupie Nancy Spungen nicht gewachsen. Er wurde zur musikalischen und menschlichen Marionette, die andere für ihre Interessen benutzten. Irgendwann fiel er auf sein eigenes Image herein und hielt sich selber für einen Superstar, was Nancy Spungen geschickt schürte. Für das Groupie war er der Siegerpokal und der Drogenpartner, den sie vollkommen beherrschen wollte, bis er schließlich ausrastete.

Sid Vicious wurde am 10. Mai 1957 als John Beverley beziehungsweise Simon Sidney Ritchie unehelich geboren. Er wuchs bei seiner Mutter Anne im East End von London in einer dieser tristen, schnell hochgezogenen Wohnsilos für sozial Schwache auf, in der sich Langeweile und Elend guten Tag sagten. Wer sein Vater war, wusste er nicht. Seine Mutter war ein Hippie, rauchte gern mal einen Joint, ihr Sohn war meist auf sich selbst gestellt und gestand, er wäre ein sehr einsames Kind gewesen, keine Verwandten, keine Besuche, keine wirklichen Freunde und keine festen Bezugspersonen. Die Menschen in seinem Leben kamen und gingen. Sein Lieblingsspielzeug war der »Action Man« aus Plastik. Seine Mutter verdiente ihr Geld mit Botengängen und raste auf einem Motorrad quer durch London. Er besuchte eine Gemeinschaftsschule mit hohem Ausländeranteil, war ein schlechter Schüler, weil er sich für gar nichts interessierte und die Lehrer mit ihm nichts anfangen konnten. »Dort gab es drei Arten von Schülern, die, die ins System passten und funktionierten, die, die offen dagegen rebellierten. Und die, die überhaupt nicht ins System passten. Ich gehörte zu den letzteren. Meine Ausbildung dort hat mich eigentlich zum Punk gemacht«, meinte Sid in einem Zeitungsinterview. Danach besuchte er noch kurz das Technical College, wo er John Lydon alias Johnny Rotten kennen lernte.
Nach dem Schulabgang lebten die beiden ein Jahr lang von der Arbeitslosenunterstützung und wohnten mit Freunden in diversen besetzten Häusern. Sid wusste absolut nichts mit seinem Leben anzufangen. »Ich hasste jegliche Art von Arbeit, mich interessierte weder Fernsehen noch Lesen.« Nur die Musik, damals stand er auf Glam-Rock, auf David Bowie, T. Rex, Roxy Music und auf die Ramones. Weil er so ängstlich wie ein Hamster war, verpasste ihm damals sein

Freund Johnny angeblich den ironischen Spitznamen »Sid Vicious«, der gefährlich Böse.

»Ich war noch mit den Hippie-Idealen aufgewachsen, erkannte aber das Bedürfnis dieser jungen Kids nach ihrer eigenen Musik und Mode«, so Malcolm McLaren, Modedesigner und ehemaliger Kunststudent und damals schon stolze 30 Jahre. Ihm gehörte »Let It Rock«, ein Laden für Hippie-Klamotten. Für etliche Monate wurde er in Amerika Manager der New York Dolls und eröffnete anschließend mit seiner Freundin Vivienne Westwood, der heutigen Mode-Ikone Großbritanniens, in London die Boutique SEX, in der sie vor allem Fetischkleidung verkauften. Gitarrist Steve Jones und Schlagzeuger Steve Cook gehörten zu den festen Kunden, Bassist Glen Matlock jobte dort als Verkäufer. Dort lernte John Lydon 1975 auch die drei kennen und wurde zum Sänger der Sex Pistols. Als der Boutiquenbesitzer und Manager Malcolm McLaren die Sex Pistols zusammenstellte, war Vicious nur ein fanatischer Fan, der den »Pogo« kreierte, den wilden Veitstanz aller späterer Punks.

Bis dahin hatte Sid ein bisschen Schlagzeug bei der Punkband Siouxsie & The Banshees gespielt, später wurde er Bassist und Sänger der Flowers Of Romance. Und er fiel zusehends durch seine unkontrollierte Gewalttätigkeit auf. Bei einem Damned-Konzert warf er ein Bierglas auf die Bühne. Ein Splitter davon traf eine Zuschauerin, die daraufhin auf einem Auge erblindete. 1976 schlug er blindwütig den Musikjournalisten Nick Kent mit einer rostigen Fahrradkette nieder.

Lydon alias Johnny Rotten war nicht nur Sänger der Pistols, er war auch der Kopf der Band. McLaren behauptet bis heute, das Konzept sei ausschließlich seine Idee gewesen, was vermutlich auf das optische Image und die Präsentation der Band zutraf, nicht aber auf die Texte, mit denen die Pistols die Gesellschaft vor den Kopf stießen. Rotten sang radikal, arrogant und unverblümt dreckig über Anarchie, Abtreibung, Gewalt, Faschismus und Apathie der desillusionierten, richtungslosen No-Future-Generation. Schon die erste Single »Anarchy in The U.K.« führte zu einer solch öffentlichen Entrüstung, dass die Plattenfirma EMI, einst die Wiege der Beatles, die Band kurz danach feuerte. Dort hatte man noch kurz Bekanntschaft mit Sid Vicious gemacht, eine Sekretärin meinte, er hätte wochenlang ohne Socken die Stiefel getragen und sie hätte seinen blutenden Fuß verbunden. Andere behaupten, er hätte bereits an der Gelbsucht gelitten. Drogensüchtig war er damals aber noch nicht. Im Gegenteil, für ihn machten das nur Hippies, denn Punks wie er waren Prolo und standen auf billigen Fusel und Bier.

Als im Februar 1977 Bassist Glen Matlock bei den Pistols ausstieg oder gefeuert wurde, schlug Rotten seinen Freund Vicious als Bassisten vor, der zwar keine Note spielen konnte, aber gut fürs Image der Anarcho-Truppe war. Die respektlose, anti-monarchische, zweite Single »God Save The Queen« erschien bei Virgin zum silbernen Thronjubiläum der britischen Königin. Mit Strophen wie

»God save the Queen,

A fascist regime

Made you a moron,

A potential H-bomb«

wurde man von der BBC und anderen Radiosendern natürlich auf die schwarze Liste gesetzt, das Lied kam aber trotzdem auf Platz 1 der britischen Charts.

Sid trat mit den Sex Pistols zum ersten Mal am 4. April 1977 live auf und stakste wie Frankensteins Monster über die Bühne. »Ich bin nicht gemein, ich halte mich für einen gutherzigen Menschen. Ich liebe meine Mutter. Sie versteht mich und freut sich, dass ich endlich etwas gefunden habe, das mir wirklich Spaß macht«, erklärte Sid damals. Im Gegensatz zu den übrigen Bandmitgliedern beherrschte er sein Instrument nicht und konnte auch nicht singen. Für ihn traf nicht einmal der Spruch zu, drei Akkorde reichen, obwohl er hin und wieder versuchte, einen davon zu lernen. Was ihn zum Helden aller

Punks machte, denen es nicht besser ging. Sid war damit die einzige, wirklich authentische Punk-Figur in einer prominenten Band, auf der die ganze Propaganda von McLaren und der Presse fußte.

»Ich kann einfach keinerlei Einschränkungen vertragen. Aber die Musik gab mir etwas. Bei den Sex Pistols habe ich wirklich zu mir gefunden«, so Sid. Vom Aussehen und Verhalten her verkörperte er zumindest den archetypischen Punk, mit Stachelfrisur, Nietenarmbändern, Hundehalsband, Ketten und Rasierklingen, mutwillig zerschlissenen Jeans und T-Shirts. Er spuckte, kotzte, rülpste und rempelte auf der Bühne und in der Öffentlichkeit und jubelte, wenn die Bierdosen flogen. Doch wer heute die Fotos genau ansieht, entdeckt unter der Maskerade nur das unreife, liebe und fragende Kindergesicht eines Jungen von nebenan. »Ich bleib, wie ich bin, ich lass mich volllaufen, mag gutes Essen und Mädels. Nicht einfach nur eine feste Freundin – warum sollen Menschen immer den Wunsch haben, einen anderen ganz zu besitzen?« So brüstete er sich damals in der Presse. Denn bis dahin gab es gar keine Mädchen in seinem Leben.

Fatalerweise lernte er aber genau zu diesem Zeitpunkt das in England gestrandete, schon damals schwer heroinsüchtige Punk-Groupie Nancy Spungen kennen. Die 19-jährige Nancy stammte aus einer amerikanischen Kleinbürgerfamilie in der tiefsten Provinz. Bei ihrer Geburt am 27. Februar 1958 litt sie an einer schweren Gelbsucht und starkem Sauerstoffmangel. Als Kleinkind wies sie autistische Verhaltensweisen auf, die ihre Mutter so beschrieb: »Ich nahm sie in den Arm. Sie reagierte, indem sie plötzlich erstarrte, Arme und Beine starr ausstreckte und den Kopf zurückwarf. Sie schrie lauter als zuvor.« Die Eltern kamen mit ihr nicht zurecht und sie verbrachte viele Jugendjahre in Anstalten. Die eigene Familie warf ihr mehrfache Brandstiftung, Schlägereien, Diebstahl und Betrug vor, nannte sie eine rücksichtslose, größenwahnsinnige Lügnerin und völlig asoziale Person. Zuhause hatte sie, die viel Unheil erfahren hat, so lange Unheil angerichtet, bis sie abhauen musste.

Mit etwa 15 Jahren flüchtete sich Nancy in die Musikszene und träumte von Ruhm und Reichtum. In New York war sie monatelang hinter Jerry Nolan her, dem Schlagzeuger der Heartbreakers, der Band des Ex-New-York-Dolls Johnny Thunders, und eine anerkannte Heroin-Größe. Der meinte später: »Ich habe Nancy eigentlich nur benutzt. Sie strippte und war ne Nutte und hatte Geld für Drogen, ich keines. Und dann hatte sie sich schwer in mich verliebt, aber wir hatten nie Sex.« Nancy setzte jedoch das Gerücht in die Welt, sie sei Nolans Freundin und unternahm einen Selbstmordversuch, weil er sie ablehnte. »Und dann ist sie mir einfach nach England gefolgt.« Auch dort gab sie mit ihrer Beziehung zu Jerry Nolan an. Die Heartbreakers waren mit den Clash und Damned auf Tournee und Nancy wollte sich wieder an Nolan ranwanzen. »Sie kam mit meiner Gitarre an, die ich in New York versetzt hatte. Keine Ahnung, wie sie an das Ding rangekommen ist. Vielleicht hat sie dem Pfandleiher einen geblasen, jedenfalls habe ich sowas noch nicht erlebt.« Trotzdem wies er sie brüsk zurück.
Daraufhin wandte sie sich sofort den Sex Pistols zu. Weil Johnny Rotten sie abblitzen ließ, verführte sie den naiven Sid Vicious, der damals angeblich noch eine männliche Jungfrau war. Der schwule Leee Childers, Fotograf und Manager, kannte Sid noch von den Flowers Of Romance her. Eigentlich hatte er, der früher für David Bowie tätig war, vor, die Band zu managen und wohnte eine Weile mit Sid zusammen. »Manchmal schlief er in meinen Armen ein. Ich wollte Sid beschützen. Wir hatten nie Sex, leider. Aber ich fand ihn so verwundbar, so unschuldig und arglos. Ich hätte mich nie getraut, mich ihm zu nähern. Er wusste überhaupt nichts über Sex und ob er auf Männer oder Frauen stand.« Doch die besitzergreifende Nancy kannte keine Gnade und angelte sich Sid, um sich an Jerry Nolan zu rächen. Schließlich waren die Sex Pistols viel berühmter als die Heartbreakers, sie waren weltweit das Symbol für Punk. Malcolm McLaren: »Als sie in meinem Laden auftauchte, dachte ich, o Gott, das ist die Rache für alle meine Sünden. Ich hielt das wirklich für ein schlechtes Omen und hätte danach am liebsten den ganzen Laden ausgeräuchert. Ich wollte sie mit

allen Mitteln wieder loswerden, am liebsten hätte ich sie kidnappen lassen und zurück nach New York befördert.«

Ende der 70er-Jahre wurde Heroin in Musikerkreisen schick. Unter anderem deshalb, weil es den Musikern eine gewisse künstlerische Glaubwürdigkeit verlieh. Denn nur Verrückte oder von ihrer Kunst gepeinigte Menschen konnten sich auf so etwas Dummes einlassen. Die Cleveren unter ihnen gaben sich lediglich nach außen hin den Anschein, süchtig zu sein, und beeinflussten damit bis in die späten 90er-Jahre auch die Modeszene mit dem »Heroinschick« der kaputt dreinblickenden, abgemagerten Models. Die weniger Cleveren kamen jedoch wirklich auf Heroin, sei es aus Gruppendruck oder als Mutprobe.

Für Nancy war es geradezu ein Bedürfnis, auch Sid auf die Droge zu bringen, der Junkies ablehnte – und damit auch sie. »Bist du ne Memme oder ein Mann?«, frotzelte der von ihr angehimmelte Jerry Nolan angeblich und warf Sid das erste Heroinbriefchen hin. Sid ebenfalls süchtig zu machen, hieß für Nancy, Macht über ihn auszuüben. Sie war ein gerissenes Flittchen, kannte die Bezugsquellen, die Dealer, sie wusste, woher sie ihren Stoff bekommen würden. Leee Childers: »Sie hatte einen furchtbar schlechten Einfluss auf Menschen, die bereits in der Scheiße steckten. Sie hat nur Probleme verursacht und sie dann auch noch forciert.« Sie liebte die Gefahr und wusste, wie sie Sid beeindrucken konnte, indem sie sich noch verrückter als er aufführte, sich den Kopf solange an eine Mauer schlug, bis sie blutete, die Handknöchel an rauhen Wänden rieb, bis nur noch rohes Fleisch zu sehen war. Sie appellierte an sein Mitgefühl, seine verletzliche Seele. Und er hielt sie für stark, hart und unberechenbar, andere einfach nur für absolut unzurechnungsfähig. »Nancy war nicht speziell hinter Jerry Nolan her«, so Childers, »sie wollte irgendeinen Rockstar im Bett, den sie mit Drogen versorgen und die sie mit ihm teilen konnte. Und als sie sich Sid geschnappt hatte, hatte sie ihr Ziel erreicht.«

Mit einem Sex Pistols an ihrer Seite hatte Nancy es in ihren Augen geschafft und träumte von einer Beziehung à la John Lennon und Yoko Ono, wenn auch auf einer ganz anderen Ebene – der destruktiven Einbahnstraße Heroin. »Sie kam wie eine schreckliche Krankheit über ihn«, meinten die Bandkumpels von Sid. Johnny Rotten und McLaren versuchten Nancy loszuwerden, die »ihrem« Sid wie eine Klette ins Plattenstudio, zu den Konzerten, zu Bandbesprechungen und Interviews folgte und sich bald in alles einmischte. Je mehr seine Kumpels gegen Nancy waren, um so verzweifelter klammerte er sich an sie. Der bis dahin sexuell unerfahrene Sid wurde der gerade mal 1,50 Meter großen, pummeligen, platingefärbten Punker-Braut mit den großen Brüsten absolut hörig, verfiel ihr und dem Heroin vollkommen. Bald war es so, dass er den Stoff für sie besorgen musste, weil sie immer größere Dosen verbrauchte. Als ihnen das Geld ausging, rief sie sogar ihre Mutter in den Staaten an und behauptete, sie hätte geheiratet, in der Hoffnung auf ein Hochzeitsgeschenk in Form von Bargeld. Sid erschien zu den Aufnahmen zum ersten Pistols-Album »Never Mind The Bollocks« so zugedröhnt und betrunken, dass die Band dafür wieder den alten Bassisten Glen Matlock anheuerte. »Wahrscheinlich bin ich mit 25 Jahren eh schon tot«, so Sid in einem Interview mit dem »Daily Mirror« im Juni 1977, »aber dann habe ich wenigstens so gelebt, wie ich das möchte.«

Malcolm McLaren arbeitete mit allen Tricks, um zu verhindern, dass Nancy auf der ersten Amerikatournee der Pistols Anfang 1978 dabei war, denn alle hofften, Sid in diesen zwei Wochen vom Heroin wegzukriegen. »Keine Frauen auf der Tour!«, hieß das Motto. Der Pistols-Manager spendierte der anmaßenden Nancy teure Shopping-Trips durch Boutiquen und sogar die Luxussuite in einem Londoner Hotel, als sie meinte, das würde dem Pistols-Superstar Sid und seiner Freundin zustehen.
Doch die USA-Tournee geriet zu einer chaotischen Tour-de-force. Die meisten Amerikaner hatten nur das Medien-Image von Sid Vicious im Kopf, die gewalttätige, harte Type, die mehr einstecken konnte

als andere. Und Sid versuchte diesem Ruf gerecht zu werden, trieb seinen selbstzerstörerischen Akt so weit, dass er sich und andere ernsthaft verletzte. Johnny Rotten meinte, Sid sei ein verwirrtes Kind gewesen, das »auf seine eigene Publicity reingefallen ist. Er war ein absoluter Feigling, der konnte überhaupt nicht kämpfen.« Darum zog er bei Schlägereien in England auch immer den kürzeren und musste die Prügel einstecken, meist von Skinheads, die ihren Hass auf die Punks an ihm austobten. In Amerika machten seine Gewaltausbrüche in der Presse die Runde. In San Antonio beschimpfte er das Publikum als einen »Haufen Schwuler« und schlug mit seinem Bass auf einen Zuschauer ein. In Dallas hatte er sich fürs Konzert auf die Brust den Satz gekritzelt »Gimme A Fix« – »gebt mir einen Heroinschuss«. Er bandagierte seine Einstichstellen und markierte sie mit Blut, trat wie Jesus vom Kreuz geholt auf die Bühne und ließ sich zur Selbstverstümmelung hinreißen. Als in einem Imbissladen in Tusla ein Lastwagenfahrer vor seinen Augen eine Zigarette auf seiner Hand ausdrückte und ihn aufforderte, es ihm gleichzutun, schlitzte er sich die ganze Hand auf und aß ungerührt weiter, um den harten Kerl zu markieren. Beim letzten Konzert der Sex Pistols zwei Tage später im »Winterland Ballroom« San Francisco erwischte er die erste Überdosis. Und kurz darauf fiel er auf dem Flug nach New York in ein Drogenkoma.

Zu diesem Zeitpunkt war Johnny Rotten bereits aus der Band ausgestiegen, um später im Jahr seine Public Image Limited zu gründen. Zurück in England überwarfen sich die alten Freunde Johnny und Sid wegen dessen Drogensucht komplett. Sid tauchte jedoch mit Nancy in Paris bei den Dreharbeiten von »The Great Rock 'n' Roll Swindle« von Julian Temple auf. Er stammelte mehr oder minder von Sinnen ein paar Songs des Rock 'n' Rollers Eddie Cochran wie »C'mon Everybody« sowie seine Version von Frank Sinatras »My Way«: »You cunt, I'm not a queer / I'll state my case, of which I'm certain / I've lived a life that's full / And each and every highway / And yet, much more than this / I did it my way ...«. Regisseur Temple war entsetzt, welches Heroingefolge die beiden mit an den Filmset schleppten.

Nach der Auflösung der Sex Pistols vegetierte Sid als ein berüchtigter Ex-Promi mit dem Mythos eines Pseudostars vor sich hin. Er wurde aber von der Plattenfirma der Sex Pistols immer noch gehätschelt, die auf seine Solokarriere setzte. Die größenwahnsinnige Nancy hatte nun freie Bahn und spielte sich als Sids Managerin auf. Nach einer Schlägerei mit Journalisten drohte ihr die Abschiebung aus England. Daraufhin schleppte sie im August 1978 Sid nach New York – eine schwarze Spinnenfrau, die endlich ihr Opfer für sich allein im Netz hatte. Um die Reise zu finanzieren, organisierte sie davor ein Konzert mit einer Band namens Vicious White Kids, der auch der Ex-Sex-Pistols-Bassist Glen Matlock angehörte.

Seine Ankunft in New York bekam Sid gar nicht mit. Er musste, mit Drogen und Alkohol vollgepumpt, aus dem Flieger getragen werden. Das Pärchen lebte im legendären Chelsea Hotel, das dank ihnen noch berüchtigter wurde. Nancy ließ ihre alten Stripper- und Drogenkontakte spielen, um ein paar entwürdigende Auftritte in Nachtclubs für den britischen »Superstar« Vicious zu organisieren. Der war bei seinen Auftritten so weggetreten, dass er sich nicht einmal mehr an die Songtexte erinnern konnte, woraufhin es allabendlich zu Übergriffen und Gerangel im Publikum kam und er als Witzfigur dastand. Nancy hatte für diese Auftritte eingefädelt, dass Sid mit etlichen, nicht minder desolaten Musikern eine provisorische Band gründete, der auch die Ex-New-York-Dolls Arthur Kane und Jerry Nolan angehörten. Sie nannten sich The Idols und bekamen 1979 noch das Livealbum »Sid Sings« zustande, auf dem man Songs der Pistols, der New York Dolls und Heartbreakers hören konnte, und jene, die Sid in dem Film »The Great Rock 'n' Roll Swindle« zum besten gab wie etwa »My Way«.

Wenn es einen menschlichen wie musikalischen Abgesang gab, dann war es diese Platte. Es war die Bankrotterklärung eines hilflosen Junkies, der um Sympathie warb. Ohne seine alten Kumpels, die auf den labilen Sid aufpassten, verlor er endgültig den Boden unter den Füßen. Er war und blieb ein einfacher Londoner Vorstadtjunge, und war dem Wahnsinn von Nancys New York nicht gewachsen.

Sie liebten und sie schlugen und sie hassten und sie fixten sich. Einmal schleppte Nancy ihn zu ihren Großeltern in die Provinz, mit denen sie sehr harsch umging, was er nicht verstand. Denn er hatte sich immer nach einer ganz normalen Familie, genau nach dieser Art von behaglicher Bürgerlichkeit, gesehnt. Dann packte sie in einem kurzen Anfall von Euphorie das gemeinsame Heroin-Entzugsprogramm an, um sich und Sid für eine große Karriere fit zu machen. Doch die heruntergekommene Methadon-Klinik lag im New Yorker Stadtviertel Harlem, wo sich kaum Weiße blicken ließen. Als die Kids dort Sid erkannten, wurde er auf übelste Weise zusammengeschlagen. Beide wurden wieder rückfällig und so maßlos in ihrem Konsum, dass sie wahllos nach allen Drogen griffen und auch das Risiko eingingen, sich mit unbekannten Dealern einzulassen, für die ihre Hotelzimmertür stets offen stand. Die waren dem Punker Sid Vicious und seiner Freundin gern zu Diensten und nahmen sie finanziell nach Strich und Faden aus, was die beiden nicht störte, solange sie genug Stoff hatten. Die Karrierepläne waren bald vergessen, sie verließen ihr Hotelzimmer nur noch, um Nachschub zu organisieren. Die Tragödie nahm ihren Lauf.

Nancy Spungen hatte angeblich Sid zu einem großen, gemeinsamen Abgang mit einer Überdosis überredet, also einem selbst inszenierten Doppelselbstmord. Er war zwar ein bisschen einfältig, aber nicht komplett verrückt. Vor allem hatte er Heimweh nach England und wollte unbedingt seine alten Kumpels wiedersehen und machte deshalb in letzter Minute einen Rückzieher. So zumindest wird es im Film »Sid & Nancy« von Regisseur Alex Cox geschildert. Die reale Version lautet jedoch, dass sie sich nach einem wochenlangem Drogenexzess über einen missglückten Heroindeal völlig in die Haare gerieten. Dabei fiel Nancy eher zufällig ein Messer in die Hand, mit dem sie Sid leicht verletzte. Und bei dem anschließenden Gerangel bekam er das Messer in die Hand und stach blindlings auf sie ein, verletzte sie sieben Mal in der Magengegend. Sie war nicht tödlich verletzt, aber sie blutete stark. Sid war vollkommen weggetreten. Nancy schaffte es nicht, die

Blutungen zu stoppen, als sie wieder zu sich kam. Sie verblutete, weil keine Hilfe da war.

Am 12. Oktober 1978 wurde Nancy Spungen im Badezimmer des Hotelzimmers im Chelsea tot aufgefunden. Wie es hieß, war davor ein anonymer Anruf bei der New Yorker Notrufzentrale eingegangen – von wem? Als Täter kam eigentlich nur der mit Drogen voll gepumpte Sid in Frage, der sich an nichts erinnern konnte und die Tat bestritt. Er gab zwar zu, dass er mit einem Messer auf sie losgegangen sei, aber bevor er wegdämmerte, hätte sie noch neben ihm gelegen und gelebt. Seine Plattenfirma holte ihn auf Kaution aus dem Gefängnis. Danach beging er mehrere Selbstmordversuche, versuchte sich die Pulsadern aufzuschneiden und wurde in eine Klinik eingeliefert.

Am 9. Dezember wurde er abermals verhaftet. Er hatte im New Yorker Club Max's Kansas City die Freundin von Todd Smith beleidigt. Nach einem Streit mit dem Bruder der Sängerin Patti Smith griff er diesen an und zerschnitt ihm das Gesicht mit einer Glasscherbe, weil Todd ihn auf den Mord an Nancy angesprochen hatte.

Sid wurde nach einer weiteren Kaution von 50.000 Dollar am 1. Februar 1979 aus dem Gefängnis entlassen. Die Anwälte versuchten vergeblich die Mordanklage abzuwenden und plädierten tags darauf auf »nicht schuldig«. Zu diesem Zeitpunkt sah es nach einem Katz-und-Maus-Spiel vor Gericht und einem langwierigen Indizienprozess nach amerikanischem Recht aus. Sid, der durch einen Zwangsentzug im Gefängnis der Droge völlig entwöhnt war, setzte sich noch in dieser Nacht in der Wohnung seiner neuen Freundin Michelle Robinson im Greenwich Village den ersten Schuss, später noch einen tödlichen. Angeblich starb er, weil sein Körper die Drogenmenge nach dem Entzug nicht mehr verkraften konnte. Andere behaupten, seine Mutter hätte ihm unreines Heroin besorgt. Jedenfalls wurde er am Tag darauf tot aufgefunden, gestorben an einer Überdosis im Alter von 21 Jahren.

Bis heute ist der Mord an Nancy Spungen nicht schlüssig geklärt.

Sex-Pistols-Manager Malcolm McLaren heuerte Privatdetektive an, die herausfanden, dass damals wegen eines großen Drogendeals mehrere Personen im Hotelzimmer anwesend waren, zudem ein Barscheck der Firma Virgin über eine hohe Summe, der anschließend verschwunden war. Nancy hatte sich angeblich mit den Dealern angelegt und sei von diesen ermordet worden. Sie spekulierten zurecht darauf, dass man dem anwesenden, aber völlig weggetretenen Sid den Mord in die Schuhe schieben würde. Danach hätten die Drogendealer anonym die Ambulanz verständigt. Und wie immer im Drogenmilieu gab es keine Zeugen, die aussagten, und es wird auch keine geben. Der Abgang von Sid & Nancy war jedoch viel spektakulärer, als Nancy sich ihn vorgestellt hatte: No Future als Rockmythos.

Falco

»Ich wünsch' mir kühne Träume und ein wildes Leben«

(Johann Hölzel: 1956–1998)

Hans Hölzel

Die Frauen waren sein Schicksal. »Falco hat nie wirklich Mensch sein dürfen«, sagte sein langjähriger Freund, der Video- und Fernsehproduzent Rudi Dolezal, in seiner Grabrede. Der misstrauische und distanzierte Hansi Hölzel alias Falco war ein geistreicher, heller Kopf und liebte die Streitkultur. Er war ein kontroverser und bestimmt kein einfacher Mensch, mal herzlich und humorvoll, dann bis zur Unerträglichkeit zynisch. Seine sprichwörtliche Arroganz hat viele geschockt. Er war maßlos, selbstgerecht, amüsant, geltungsbedürftig, dünnhäutig und konnte umwerfend charmant sein. Als innovativer, kreativer Musiker hat er vieles, was sich heute in unseren Charts tummelt, schon Mitte der 1980er-Jahre vorweggenommen. Er war Trendsetter und Vorreiter von deutschsprachigem Rap und einer der wenigen hiesigen Popmusiker, die in den USA einen Nr.-1-Hit schafften. Er verkörperte das temporeiche Lebensgefühl der neuen Kosmopoliten und Überflieger, avancierte zur Symbolfigur der hedonistischen 80er-Jahre. Wie viele, die schnell und volles Risiko lebten, hat er in seinen Texten schon sehr früh über Exzess, Absturz und Tod gesungen.

»Kein Weg zurück
Das weiße Licht kommt näher
Stück für Stück
Will mich ergeben
Muss ich denn sterben, um zu leben?«
(»Out Of The Dark«, 1998)

Falco als Drilling? Die Möglichkeit bestand, denn seine Mutter Maria Hölzel war mit Drillingen schwanger. Doch nach einem Blutsturz im dritten Schwangerschaftsmonat überlebte nur ein Fötus. Am 19. Februar 1956 kam also Sohn Johann, genannt Hansi, zur Welt und wurde als Wunschkind entsprechend verwöhnt. Später meinte er oft: »Es ist merkwürdig, Mama, aber manchmal verspüre ich ein Gefühl, als ob die anderen bei mir wären ...« Sein technisch begabter Vater Alois hatte sich im Abendstudium bis zum Werkmeister einer Maschinenfabrik hochgearbeitet, die Mutter leitete erst eine Wäscherei, übernahm dann einen Kaufmannsladen in der Nähe der einfachen 70-m²-Wohnung in der Ziegelofengasse im 5. Wiener Bezirk. In ihr gab es Küche, Schlafzimmer, zwei Kammern und einer Dusche, die der Vater einbaute. Hansi war von klein auf von jeder Art von Musik fasziniert und er bekam zum vierten Geburtstag ein Klavier, Unterricht bei der Pädagogin Maria Bodem und bald konnte er rein nach Gehör Schlager und Stücke nachspielen.

Ab Herbst 1963 besuchte er die Volksschule der Piaristen, eine katholische Privatschule mit Halbinternat, und absolvierte dort bei einer Weihnachtsfeier den ersten öffentlichen Auftritt am Klavier. Der Verwandtschaft auf Kommando vorzuspielen, hasste er bis zu dem Tag, wo ihn ein Onkel mit umgerechnet 3,60 Euro belohnte. Während seiner Schulzeit war er eher der ruhige, zurückhaltende Außenseiter. »Meine Mitschüler sind mir unglaublich unreif und dumm vorgekommen. Sie schlugen sich, warfen mit Steinen aufeinander, ich sah in dem keinen rechten Sinn … ich war wirklich lange Jahre sehr verinnerlicht.« Auch auf dem Gymnasium interessierte Hansi nur die Musik, die Beatles, die Rolling Stones, Beach Boys und Bee Gees, und er ließ sich die Haare wachsen. Er lernte kaum, bekam aber meist gute Zensuren.

Und er wuchs praktisch in der Obhut von Frauen auf. Mutter, Großmutter und Nachbarinnen lernte er schnell, gegeneinander auszuspielen und seinen Kopf durchzusetzen. 1968 verließ sein Vater die Familie wegen einer jüngeren Frau, ein ziemlicher Schock für den sensiblen Hans, der ab da die Schule schwänzte, sich herumtrieb und rauchte. Drei Jahre später starb seine geliebte Großmutter, Hans zog in ihre Wohnung, warf bald die Schule und führte sein eigenes Leben, denn die Mutter war als Handlungsreisende viel unterwegs. Seine Probleme kompensierte er mit Essen, er wog bald 84 Kilo.

Die Mutter war gegen eine Musikerkarriere und brachte ihn im Büro der Pensionsversicherungsanstalt für Angestellte unter: »Ich mochte dieses Groschenzählen nie. Ich habe das Geld auch damals, als ich noch wenig hatte, mit vollen Händen ausgegeben, wenn ich wirklich etwas wollte.« Mädchen machten ihn unsicher, schnell zog er sich aus gekränkter Eitelkeit zurück: »Es ist mir nie gelungen, eine mit meinen romantischen Erklärungen rumzukriegen ... entweder man hat viel Geld oder man macht viel Action«, war seine Meinung.

Mit 17 Jahren gründete er die Band Umspannwerk, spielte Bass, stand auf David Bowie und fuhr bald auf Punk ab, weniger auf die Musik denn auf die Tatsache, dass damit alles möglich schien. Doch der Mutter zuliebe besuchte er das Musikkonservatorium, bevor er sich nach Berlin aufmachte und als Falco Stürmer oder Falco Gottehrer in Szenelokalen wie dem Quartier Latin für umgerechnet 75 Euro auftrat. Der Skispringer Falko Weißflog stand Pate für den internationalen Künstlernamen Falco. In Wien spielte er danach mit der Profiband Spinning Wheel das gängige Hitrepertoire, wechselte zur Anarchotruppe Hallucination Company und stellte mit Kollegen Hansi Lang das Rockkabarett Drahdiwaberl auf die Beine. Schnell mauserte sich Falco zum Entertainer, Sänger, Showman, und seine Eigenkomposition über die Koks-Schickeria »Ganz Wien« wurde 1980 zum Hit mit Radioverbot. Er trank recht viel, rauchte 40 Zigaretten pro Tag, sein Verhältnis zu Drogen war ambivalent, aber im Kreis anderer war er stets verführbar.
Markus Spiegel, dem damaligen Musikkaufmann und späteren Mentor von Falco, wurde nach der ersten Drahdiwaberl-LP klar, dass er hier einen Rohdiamanten hatte, einen Narzisten, der das Rampenlicht genoss und sich gerne inszenierte. Er bot ihm einen Solovertrag an. Mit dem Produzenten Robert Ponger entstand Falcos erster Welthit »Der Kommissar« und zugleich der erste deutschsprachige Rap überhaupt. Von Ponger kam die Melodie, von Falco diese typische Wortmischung aus wienerischen, deutschen und amerikanischen Idiomen, die alle Texte auf der Solo-LP »Einzelhaft« prägten und sein Markenzeichen wurden. Der Song stand Ende des Jahres 1981 auf Platz 1 der österreichischen Charts und eroberte 1982 weltweit die Hitparaden bis nach Guatemala, verkaufte sich fast sieben Millionen Mal und kam in unterschiedlichen Coverversionen von Laura Branigan bis After The

Fire auf den Markt. »Nach diesem Erfolg«, so Falco, »war ich zwei Jahre auf dem Höhenkoller. Ich sag dir, wenn du als Newcomer antrittst und so wie ich plötzlich einen Welthit hast, dann bist du ein Fall für den Psychiater.«

Die Arbeit am zweiten Soloalbum »Junge Römer« gestaltete sich entsprechend kompliziert. Falco kämpfte mit der neuen Popularität, dem Erfolgsdruck und einer Kreativblockade. Er wollte nicht in der Dialekt-Ecke stecken bleiben, sich nicht wiederholen. »Ein Songtext ist ein reduziertes Stück Journalismus oder auch ein erweitertes Werbetexten von Slogans«, so Falco in einem Gespräch mit mir 1984, »ich möchte nie mit dem Finger auf etwas zeigen und sagen: hier ist links und hier rechts. Ich glaube, dann hätte ich meinen Beruf verfehlt. Ich möchte Sätze schreiben, in die du drei oder vier Dinge reinlesen kannst.« Interpretierbarkeit war eines seiner Lieblingsworte, aus Angst sich festzulegen, falsch verstanden zu werden. Die LP »Junge Römer«, 1984 erschienen, war kommerziell nicht der erwartete Erfolg, brachte aber den hedonistischen Zeitgeist der jungen 80er-Generation auf den Punkt. Und Falco war der Star, der ihn am überzeugendsten verkörperte – ein junger, attraktiver, lässiger, gewandter Kosmopolit auf der Überholspur. »Damit meine ich versinnbildlicht eine europäische Lebenshaltung. Die habe ich erst erkannt, als ich 1983 viel im Ausland unterwegs war. Es könnte auch junge Berliner, Londoner oder Amsterdamer heißen – wir sind die Partei derer, die 1968 nicht so recht mitbekommen haben und in eine Zeit politischer Unsicherheit hineingewachsen sind. Wir müssen in dieser Leistungsgesellschaft etwas bringen. Gleichzeitig sehen wir, dass die Dinge bereits in den Graben gefahren sind, wir sie nicht mehr retten können. Es ist also eine Art positives Endzeitgefühl.«

Zu diesem Zeitpunkt lernte ich sowohl den amüsanten Falco als auch den launischen, unberechenbaren Hansi Hölzel kennen, der sich damals viel in München aufhielt, »um Distanz zu Wien zu gewinnen«, wo jeder seiner Schritte argwöhnisch beobachtet wurde. Er hatte

Stil, Eleganz und Charisma gepaart mit diesem Wiener Charme und Schmäh. Ich mochte »Junge Römer« auf Anhieb, mag es noch heute. Die Platte besaß die Strahlkraft eines Überflieger-Dandies, des musikalischen, aber durchwegs kultivierten, europäischen Global Players, des Bindeglieds zwischen Wallstreet-Yuppie und hedonistischem Latin-Lover, das optimale Musikdekor für coole Discos, die Ausgewogenheit zwischen Sexappeal, Erotik und Intellekt war damals neu.

Weil noch kein Video existierte, beschloss ich für meinen Fernsehbeitrag für den BR mit beschränkten Mitteln ein eigenes zu fabrizieren. Es war August und die Idee war, bei strahlendem Sonnenschein das flirrende, bunte Treiben auf der Münchner Leopoldstraße einzufangen, und mittendrin immer, aber eher beiläufig, Falco, der zwischen Skatern, hübschen Mädels, Boutiquen, Cafés und Eisdielen als der »Junge Römer« auftaucht. Am ersten Drehtag goss es in Strömen. Also saß Falco mutterseelenallein auf der verregneten Leopoldstraße, mit einem Sonnenschirm als Regenschutz, und hörte sich im Eiscafé »Adria« aus dem Ghettoblaster seine Platte an. Drei Tage warteten wir auf gutes Wetter, nachts schleppte mich Falco erbarmungslos durch alle In-Discos der Stadt, war wieder verschwunden, klingelte erneut durch. »He, Inge, ich hab noch was am Laufen!« Inge nannte mich sonst nur mein Bruder, also nannte ich ihn nur noch »Bruder«, worüber er herzlich lachen konnte. Endlich Sonnenschein! Und Falco trotz durchzechter Nächte pünktlich zur Stelle – natürlich mit Sonnenbrille. In drei Stunden hatten wir die überschwänglichen, sommerlichen Impressionen im Kasten. Falco, wie er über die Leo flanierte, flirtete, posierte, den Verkehr anhielt, wildfremde Frauen küsste. Er wollte auch in meine Radiosendung »Pop nach Acht« auf BR 3 am Sonntagabend kommen. Aber schon war er wieder untergetaucht. Überflüssigerweise stellte ich ein Ersatzprogramm zusammen, denn Falco erschien überpünktlich beim Portier. Wenn er wollte, war er unglaublich zuverlässig und diszipliniert. Und versprühte an diesem Abend so viel Charme, dass selbst abgebrühte Studiotechniker ihre Klatschgespräche vergaßen.

Eines Morgens weckte er mich mit einem neuen Einfall. In einer Stunde sollte ich in Unterföhring in einem Tonstudio sein, um mit ihm eine Interviewkassette für Radiosender aufzunehmen, die er nicht alle besuchen wollte. Damals eine völlig neue Idee. Aber die Sache gestaltete sich zäh. Die lockere, lustige und euphorische Stimmung unserer bisherigen Interviews stellte sich im sterilen Studio zur morgendlichen Stunde einfach nicht ein. Falco wirkte müde, erschöpft, zumal er erst gegen 5 Uhr das »P 1« verlassen hatte. Als ich ihm tags darauf erzählte, Drafi Deutscher würde abends in der Alabama-Halle auftreten, ließ er das Abendessen stehen, packte mich am Ärmel und schob mich in ein Taxi. »Inge, den muss ich kennen lernen!«

Drafi Deutscher, der erste zornige, junge Mann des deutschen Schlagers, wurde damals gerade von den Punks wiederentdeckt, die alle »Marmor, Stein und Eisen bricht ...« mitgröhlten. Falco wollte nach dem Konzert unbedingt den legendären Urvater der deutschsprachigen Musik treffen. Doch die Begegnung in der kalten, unwirtlichen Garderobe wurde zu einer bitteren Enttäuschung. Deutscher, damals ziemlich durch den Wind und umgarnt von Frauen zweifelhafter Herkunft, nahm den jungen Verehrer kaum wahr. Trotz eines kurzen, kollegialen und freundlichen Gesprächs fanden sie keine Wellenlänge, was Falco sichtlich deprimierte. »Nein, Inge, so möchte ich vom Showgeschäft nicht ausgelaugt und kaputt gemacht werden. Lass uns gehen.« Nachdenklich und von großen Zweifeln geplagt wollte er plötzlich von mir wissen, was bei ihm mit den Frauen schief lief. Ehrlich gesagt, ich hatte keine Ahnung von seinem Privatleben, seinen Frauengeschichten, seinem emotionalen Durcheinander. Also murmelte ich irgendetwas wie, »wenn du wirklich willst, dass sich eine um dich kümmert, dich liebt, so wie du bist, dann musst du das umgekehrt auch tun. Sonst wird das nie klappen.« Die Antwort weiß ich allerdings noch genau: »Zunächst einmal sehe ich mir an, was die Fee angezogen hat«, lachte er und glättete albern-jungenhaft die mit Pomade nach hinten geklatschte Alain-Delon-Frisur. Dann drückte er mir eine Telefonnummer in die Hand, »falls mal was Wichtiges passiert!«

Hans Rossacher und Rudi Dolezal von DoRo bereiteten damals die komplette Verfilmung des Albums »Junge Römer« in Amerika für den ORF und die abendfüllende Show »Helden von heute« vor. Der exzessive Wahnsinn zog sich von New York über mehrere US-Staaten hinweg, mit Nacktmodels, Puff-Besuchen, jeder Menge käuflicher Frauen, Alkohol und Pillen seitens Falco. Der »Kommissar« kletterte dank DJ Africa Bambaata die Black Charts hoch, doch das Treffen der beiden verlief höchst unglücklich, weil Falco völlig abgehoben hatte. Und ich hatte eine weitere Begegnung der dritten Art mit Falco in St. Tropez beim dortigen Ersten (und auch letzten) Internationalen Videofestival. Der damalige französische Kultusminister Jacques Lange wollte St. Tropez in der unattraktiven Nachsaison durch ein internationales Starereignis beleben. Video war das neue, junge Medium der Musikbranche, eine hochkarätig besetzte Jury sollte Preise vergeben. Man lud mich als Berichterstatterin für den BR ein, ich schlug Falco für die Jury vor, in der unter anderem auch die Rolling Stones saßen. Falcos Telefonnummer tat ihre Dienste.

Mein Budget war knapp bemessen, also überredete ich meine Freundin Conny mit Führerschein und Auto, die Reise mit anzutreten. Schon des Wetters wegen – massive Herbststürme mit sintflutartigen Regenfällen, Gewittern und komplettem Stromausfall bei unserer Ankunft – machten das Ereignis auch ohne Falco zum Abenteuerurlaub besonderer Art. Die Organisation war französisch katastrophal, der einzige öffentlich zugängliche Bildschirm auf dem Meer so platziert, dass ihn die Reflektion des Sonnenlichts praktisch außer Gefecht setzte, herumirrende Superstars auf der Suche nach einem Transportmittel. St. Tropez außer der Saison – keine Taxen, nichts. Wir hatten ein kleines Auto und wurden zum Fahrdienst – für Falco. Das ging ein paar Tage gut, weil wir ihn meist zufällig in einem der desolaten Treffs und Discos schwer angetrunken aufgabelten. Er war immer sehr lieb, sehr kindlich, hilflos – und wir setzten ihn vor seinem Luxushotel ab. Inzwischen fühlten wir uns schon verantwortlich für ihn, klares Helfersyndrom von Frauen für schöne, begabte und egomanische Männer. Das war er ja gewohnt.

Er residierte in einer traumhaften alten Villa, die zum Hotel umgebaut war, wir im popeligen Studentenhotel zu zweit auf einer harten Pritsche. Eines Nachts wurde es dann wirklich heftig. Er randalierte schon im Auto, vollführte Kunststückchen und wollte auf freier Strecke aussteigen. Wir bugsierten ihn unauffällig und diskret an der Rezeption vorbei in den zweiten Stock, wo er ein wunderschönes Apartment mit großer Terrasse bewohnte. Kaum angekommen, entkam er uns und balancierte völlig zugedröhnt und freihändig auf der hohen Steinbalustrade ohne Geländer. Bis wir ihn endlich zurück ins Zimmer gebracht hatten, schwitzten wir Blut und Wasser. Wir sangen »Drah die net um«, was Blöderes fiel uns nicht ein, zogen ihn endlich an den Hosenbeinen runter und warfen ihn mit vereinten Kräften aufs Bett. Die eine hielt ihn fest, die andere verrammelte die Balkontür, ließ die Jalousie runter. Wir bestellten noch eine Kanne Kaffee und jede Menge Mineralwasser, aber bis der Zimmerservice kam, schnarchte unser Star schon selig im Bettchen. Der Mann war gerettet, aber danach drei Tage komplett von der Bildfläche verschwunden. Ich bekam böse Anrufe vom Festival-Gremium und hakte Falco als gnadenlosen, egomanischen Starfucker ab! Was irgendwie stimmte. Denn wie aus Schaum neugeboren tauchte dann der österreichische Pop-Gott auf der schneeweißen Jacht der britischen Hitband Duran Duran auf und hielt dort Hof. Ohne uns. Ein Jahr später war er der international gefeierte »Amadeus«-Star. Viel später wurde mir klar, wie verletzlich er war, wie unsicher, trotz oder genau wegen dieser großspurigen, arroganten Fassade.

1985 wurde Falcos Schicksalsjahr. Ein neuer Hit musste her in den Augen der Plattenfirma. Also verkuppelte man den Wiener mit den holländischen Hitproduzenten Rob Bolland & Ferdi Bolland und die Wellenlänge zwischen ihnen stimmte auf Anhieb. Sie legten Falco zu Beginn gleich zwei Kompositionen vor, eine davon war »Rock Me Amadeus«, die Falco in den Pophimmel katapultieren sollte. Nur die Vorschläge zum Video zogen jede Menge Diskussionen und Kämpfe nach sich, denn Falco wollte keine lächerliche Perücke aufsetzen und »als Werbemozart für Österreich kasperln«. Am 28. Juni 1985 trat Falco im Grazer Fußballstadion beim Benefizkonzert »Austria For Africa« auf, von der Gruppe Opus organisiert. Mit Freunden besuchte er nach den Proben ein Café in der Grazer Innenstadt. Damals sehnte er sich nach einer beständigen Beziehung, hatte aber die letzte, schmutzige Geschichte noch nicht verdaut: »Da ging es um verschwundenes Geld und ähnlich beschämende Dinge«, so ein Freund.

In diesem Café lernte er die 23-jährige Isabella Vitkovic kennen, genau der Typ, auf den Falco stand: blond, zierlich, zerbrechlich, grüne Augen. Sie besuchte abends das Konzert, »von dem Moment an haben wir nicht mehr voneinander gelassen«, so Isabella, die sofort zu ihm zog. Dabei war sie noch verheiratet mit einem 19 Jahre älteren, gut situierten, bürgerlichen Kaufmann samt Pferdegestüt, »für den sie sich zu jung« fühlte. Vor ihrer Ehe hatte sie mit einem österreichischen Fußballstar zusammengelebt. Wieder übersah Falco gewisse Alarmzeichen, er war über beide Ohren verliebt und pries »ihre starke Persönlichkeit«. Schon zwei Monate später war sie schwanger. »Sie war sich ziemlich klar darüber, dass sie gern ein Baby haben wollte, aber sie war sich lange Zeit nicht klar darüber, ob sie von mir ein Baby haben wollte«, so Falco. Auch er war sich anfangs nicht ganz sicher, glaubte aber, dass ein Kind ihm helfen würde, seinen ungesunden, unsteten Lebenswandel endlich zu ändern und Verantwortung zu übernehmen.

Die folgenden Monate wurden die turbulentesten in Falcos Leben. »Rock Me Amadeus« raste an die Spitze der deutschen Charts und »Jeanny, Part I«, die zweite Single aus dem Album »Falco 3«, sorgte für einen handfesten Medienskandal und einen Radioboykott, ausgelöst durch die harsche Kritik von Dieter Kronzucker im »Heute Journal« im ZDF. Der Journalist und Nachrichtensprecher – und nicht nur er – hielt den Song für eine Verherrlichung von Vergewaltigung und Sexualmord und war aufgrund seines eigenen Schicksals tief betroffen. Sechs Jahre zuvor waren seine beiden Töchter 68 Tage lang in den Händen italienischer Entführer und kamen nur durch ein hohes

Lösegeld frei. Falco meinte dazu vor seiner großen Herbsttournee: »Ich verstehe die ganze Aufregung nicht, warum wartet man nicht den zweiten Teil ab, anstatt bereits von Vergewaltigung und Mord zu schreien.« Trotzdem stand auch »Jeanny« bald auf Platz 1 und Falco schob, wie versprochen, den »Teil 2« mit der Auflösung »Jeanny lebt« nach. »Meine Midlife-Crisis hatte ich mit 27, mit 40 muss man vernünftig werden, da geht das Leben erst richtig los«, erklärte er.

Im März 1986 war Falcos Glück perfekt, seine Tochter Katharina Bianca kam zur Welt. Falco war bei der Geburt dabei, nahm im Krankenhaus die ersten Herztöne seines Kindes auf und spielte sie seinem Freund Billy Filanowski am Telefon vor. »Mir ist was Großartiges passiert«, so Falco, »ich habe erlebt, wie mein Kind geboren wurde. Und nichts wird von nun an so sein wie früher. Die Kleine ist mein größter Hit.« In »people« erklärte er: »Ich sage zu Isabella einfach meine Frau, obwohl wir nicht verheiratet sind und nicht vorhaben, zu heiraten. Aber sie hat alle Rechte einer Ehefrau.« Isabellas Ehe war immer noch nicht annulliert, deshalb beschloss Falco, das Baby zu adoptieren. Fast zeitgleich war Falcos neues Album auf Erfolgskurs in Amerika und die Single »Rock Me Amadeus« stand am 29. März an der Spitze der US-Charts. Der frisch gebackene Vater verschob seine Überseetermine auf den Mai und redete dann nur über sein Kind. Er kaufte einen riesigen Teddy, für den er auf dem Rückflug einen eigenen Sitzplatz buchte. Daraufhin witzelte das englische Boulevardblatt »The Sun«: »Falcos Exzentrik schlägt immer neue Kapriolen. Jetzt nimmt er schon seinen Teddy zu einem 1200-Dollar-Luft-Picknick mit.«
Zu diesem Zeitpunkt stand »Amadeus« auch in den britischen Charts auf Platz 1. Die restlos ausverkaufte »Amadeus-Tournee« wurde zu einem gigantischen Ereignis und Falco strotzte vor Selbstvertrauen und punktete wieder mit Bonmots. Auf die Frage, was er noch mehr als sich selber lieben würde, meinte er folgerichtig: »Meine Fähigkeit mich zu inszenieren« und »es gibt First Class oder No Class«.
Nach wie vor schwärmte er über Isabella: »Sie ist eine sehr starke

Frau, oft von einer stoischen Ruhe, die mich aus der Fassung bringt. Sie ist ganz anders als ich. Sie kann drei Tage lang schweigen und sich nur mit sich selbst beschäftigen«, und »vielleicht ergänzen wir uns deshalb so gut, ich bin vom Typus her schnell nervös und ungeduldig und gereizt, ich schwappe regelrecht über vor Spontaneität.« Doch als er im Herbst 1987 für seine Familie in Gars am Kamp, eine Stunde von Wien entfernt, eine alte Jugendstilvilla mit über 4000 m^2 Grund für umgerechnet 145.000 Euro kaufte und feudal renovieren ließ, kriselte es schon gewaltig zwischen den beiden. Isabellas Gelassenheit machte ihn inzwischen rasend, weil er dahinter Gleichgültigkeit und Kälte vermutete. Ein Freund: »Wenn sie Streit hatten, zertrümmerte Hansi einen Stuhl und Bella saß daneben und lackierte ungerührt ihre Fingernägel.« Bei einer Freundin beschwerte er sich, wieso er nur ausgeflippte Frauen kennen lernte: »Er verlangte von jeder, dass sie am Anfang der Beziehung ihr bisheriges Leben völlig aufgab, um sich nur auf ihn zu konzentrieren. Er war manchmal egozentrisch, aber gleichzeitig sehr liebevoll.« Falco, von Frauen großgezogen, die nach seiner Pfeife tanzten, war gewohnt, automatisch Mittelpunkt zu sein und lernte nie, eine Partnerin wirklich gleichberechtigt zu akzeptieren.

Also stürzte er sich in Affairen wie der mit Brigitte Nielsen, Ex-Frau von Sylvester Stallone. Die Dänin nahm mit ihm das erfolglose Duett »Body Next To Body« auf, »doch mit ihr wollte ich nicht in die Hitparade, sondern nur ins Kissen«, so Falco kühl. Die Schauspielerin Daniela Böhm ließ ihn nach einem Jahr sitzen, sie war von ihrer unglücklichen Beziehung mit Konstantin Wecker noch nicht kuriert: »Mein Letzter war schon der Wahnsinn, aber du bist der Gipfel!« Auch Falcos Karriere stagnierte nach den eher erfolglosen Alben »Emotional« und »Wiener Blut«, die Tournee im Jahr 1988 wurde abgesagt.

Obwohl die Beziehung zwischen ihm und Isabella längst im Argen lag, heirateten sie merkwürdigerweise am 19. Juni 1988 in Las Vegas. Vermutlich wollte sich Falco nicht die Niederlage einer gescheiterten Beziehung eingestehen. »Ich habe mir nie die falschen Frauen ausgesucht, sondern die Frauen den falschen Mann. Wenn mich jemand fragt: Was hat deine Freundin veranlasst, dich zu verlassen, kann ich nur antworten: Na, ich natürlich!« Zehn Monate später leitete Falco die Scheidung mit einem Gentleman-Agreement ein. Angeblich packte er 3 Millionen Schilling (rd. 218.000 Euro) bar in Tausenderscheinen in einen Koffer, fuhr nach Graz, zeigte Bella die Banknoten und stellte die entscheidende Frage: »Ja oder nein?« Und behauptete zynisch, es sei die einfachste Scheidung der Welt gewesen. Die Unterhaltszahlung von monatlich umgerechnet 500 Euro erhöhte er freiwillig auf rd. 1450. Und er holte Töchterchen Katharina Bianca an ihrem ersten Schultag vom Unterricht ab.

Das war 1992, als ihn der Karriereknick mit dem Album »Nachtflug« vollends einholte. Finanziell war es ein Tiefflug, und der Druck seitens der Plattenindustrie wurde enorm. Falco hatte pro Album bis zu 500.000 Euro an Vorauszahlungen kassiert, die inzwischen in keinem Verhältnis mehr zu den Einnahmen standen.
Es sollten sieben bittere Jahre folgen, in denen er verzweifelt versuchte zu beweisen, dass er noch einmal den ganz großen Coup landen könnte. Was Hansi Hölzel aber wirklich am Boden zerstörte, war der Vaterschaftstest, den er nach langen Zweifeln 1993 durchführen ließ. Seine Tochter sah ihm nicht ähnlich und das musste er sich auch ständig anhören. Andere Indizien, wie etwa Isabellas frühe Schwangerschaft, hatte er lange arglos verdrängt. »Mit der Lüge konnte ich auf Dauer nicht leben.« Isabella: »Ich war mir bis zuletzt hundertprozentig sicher, dass der Hans und nicht mein Ex-Mann ihr Vater ist.« Doch Falco war nicht der Vater und jemand aus der Klinik in Graz plauderte das Vaterschaftsergebnis der Presse gegenüber aus. Ab da wurde über das »Kuckuckskind« schmutzige Wäsche gewaschen. Der Falke stürzte immer tiefer. Er erholte sich nie von diesem großen, privaten Rückschlag.
Er hinterlegte bei einem Wiener Notar einen Brief für Katharina Bianca und ein Sparbuch, beides sollte ihr am 18. Geburtstag im Jahre

2004 ausgehändigt werden. »Mein größter Wunsch wäre, dass sie dann das, was ich jetzt getan habe, verstehen kann.« Natürlich ging er damals davon aus, an diesem Tag noch zu leben.

»Die Sache mit dem Kind hat er nie verkraftet«, so sein Freund Billy, »er hat sich immer nach einer Familie gesehnt.« Gedemütigt und betrogen schlitterte er wieder in die Alkohol- und Drogenexzesse hinein. »Was denkst du, wie hoch dir ein Nr.-1-Hit in Amerika die Latte legt? Wer behauptet schon gern von sich, schwach zu sein? Aber, ehrlich gesagt, mir mangelt es an Disziplin. Ich bin genusssüchtig, ich lasse mich mit Vorliebe zum Saufen verführen, ich lasse mich überhaupt gern verführen, zu allen Dingen.«

Dann glaubte er abermals, die Frau seines Lebens getroffen zu haben, als er in einer Wiener Bar Sylvia Wagner kennen lernte. Eine Weile lebten sie ein relativ beschauliches, geregeltes und gesundes Leben mit Fitnessprogramm. »Sylvie ist die erste Frau, die aus mir keinen Pantoffelhelden machen will. Darum wird sie mich auch behalten«, meinte er. Ein weiterer Irrtum, denn sie lief ihm davon, weil sie die Beziehung zu dem Egomanen nicht ertrug. Als sie auszog, ließ er sich eine Glatze rasieren. Nach seinem Tod meinte Sylvia in »News«: »Man hat sehr viel geben müssen, um in ihn hineinschauen zu können. Er war sehr sensibel. Viele Dinge haben ihn weit mehr beschäftigt, als er je zugegeben hätte. Zum Beispiel schlechte Meldungen in der Zeitung. Das hat ihn belastet.«

Seine Karriere wollte nicht mehr in die Gänge kommen und er suchte nach neuen Wegen. Er hielt Vorlesungen in der »Schule für Dichtung« in Wien mit dem Titel: »Schreibt Falco Texte? Wenn ja, wie?« und initiierte die Benefiznacht »Die Nacht der Poesie« mit H. C. Artmann, Wolfgang Bauer, Konstantin Wecker, Gerhard Rühm und Blixa Bargeld. Er suchte Psychiater auf und schluckte Pillen, meist Sedativa, um seine Hyperaktivität in den Griff zu bekommen. Mit dem Berliner Produzenten George Glück bereitete er sein Comeback unter dem Pseudonym »T>>Ma featuring Falco« vor. Die Single »Mutter, der Mann mit dem Koks ist da« über den Drogenkonsum in der Techno-

Szene erreichte wieder Goldstatus. Glück: »Falco war ein einmaliger, sehr spektakulärer Typ. Er war eine große Persönlichkeit und schaffte es, mit seiner Musik über eine lange Zeit das Lebensgefühl einer Generation auszudrücken. Sein Charme lag in gewissem Sinne auch in seiner Unberechenbarkeit. Man konnte nie vorhersehen, was Falco präsentieren würde. Deshalb wusste nie jemand, ob Falco am anderen Tag einen Hit haben würde oder nicht. Aber es wagte aus diesem Grund auch niemand, ihn ganz abzuschreiben.« Mit Glück arbeitete Falco an seinem letzten Album »Out Of The Dark«, das posthum erscheinen sollte.

Da hatte Falco längst seinen Umzug in die Dominikanische Republik vorbereitet. Doch am 14. April 1996 stand er noch einmal für ein Reunion-Konzert mit den ehemaligen Musikern der Spinning Wheels auf der Bühne im Wiener Palais Eschenbach. Und im August besuchte er die Popkomm in Köln. Das Gespräch mit seiner Plattenfirma über die neue LP lief wenig erfreulich. Sie machte die Veröffentlichung von den Verkäufen der aktuellen Single »Naked« abhängig. »Naked« lief in Österreich sehr gut, doch in Deutschland gingen gerade mal 50.000 Stück über den Ladentisch. Bei den VIVA-Awards war Falco Ehrengast und überreichte den Newcomer-Preis.

Im November 1996 übersiedelte er in die Dominikanische Republik, auch deshalb, weil er in der deutschen Fernsehserie »Klinik unter Palmen« eine Rolle übernehmen sollte, aus der jedoch nichts wurde. Er wohnte im Hacienda Resort, einer eleganten Wohnanlage in Puerto Plata. Im Erdgeschoss seiner Villa mit Swimmingpool hatte er sich ein provisorisches Studio eingerichtet. Und er verliebte sich abermals, doch die 22-jährige, dunkelhaarige Caroline Person war ganz und gar nicht der »tuberkulöse Barbie-Typ«, auf den er bislang fixiert war. Falco zu einem Journalisten über Caro: »Ich komme langsam in ein Alter, wo man sich nicht mehr allzu viele Spiele leisten sollte. Ich habe Angst vor der Einsamkeit.« Die Verlobung sollte an seinem 41. Geburtstag bei einem rauschenden Fest stattfinden, zu dem unter vielen Prominenten und Freunden auch Niki Lauda eingeladen war. Doch am 1. Februar verließ ihn Caroline überraschend. Daraufhin ließ er sich den Kopf fast kahl scheren und schnappte sich die 28-jährige Schönheit Selina Vinas, die er seinen 250 ausgelassenen Gästen als neue Geliebte präsentierte. Man sang ein Beatles-Medley, und Falco warf mit seiner Geburtstagstorte um sich. Danach versuchte er, endlich das neue Album auf Schienen zu bekommen. Bei der offiziellen Weihnachtsfeier von Lauda Air stellte er etliche neue Songs vor, darunter »Out Of The Dark«. In Wien lernte er auch die letzte Liebe seines Lebens kennen, Andrea, eine junge Historikerin. Er stellte sie seiner Mutter vor, machte sich bei ihren Eltern vorstellig. Weihnachten feierte er mit seiner Mutter, seinem Freund Ronnie Seurig und dessen Mutter. Am 7. Januar 1998 flog er mit Andrea in die Dominikanische Republik, die jedoch bereits drei Wochen später wieder abreiste. Die letzte Nacht soll sie ohne ihn in einem Hotel verbracht haben, was auf ein Zerwürfnis hindeutet.

Die kommenden Wochen telefonierte Falco fast ununterbrochen mit Wien, meist spätnachts, klang schwer deprimiert und äußerte oft Zweifel über die Songs seines neuen Albums. »Ich war irritiert ... und kam zu dem messerscharfen Schluss, dass ich heute wohl eine andere Zielgruppe als vor zehn oder fünfzehn Jahren hatte. Die entscheidende Frage war nun für das geplane Album – welche Akzeptanz würde ich bei dieser Zielgruppe haben? Ich sagte mir, dass ich mich auf keinen Fall verstellen dürfte.« Immer wieder warnten Freunde den schlechten, unkonzentrierten Autofahrer, nicht zu schnell zu fahren und keine laute Musik im Auto zu hören.

In der Nacht vor seinem tödlichen Unfall am 6. Februar 1998 besuchte er angeblich die Bar Principe und kam im Morgengrauen in die Villa zurück. Um 12 Uhr hatte er einen Termin mit seinem Spanischlehrer. Gegen 14 Uhr fuhr er mit ihm nach Puerto Plata und erzählte ihm, er wolle dort eine Immobilie ansehen. Er versuchte Andrea in Wien zu erreichen, aber es war nur die Mutter am Telefon. Es regnete stark, als Falco gegen 15.30 Uhr entlang der Flughafenstraße zum Parkplatz der »Turist Disco« fuhr, die Kellnerin war die Letzte, die ihn sah. Sie machte widersprüchliche Aussagen: Mal war Falco betrunken und verlangte nach Schnaps. Dann sei er nur in seinem Auto auf dem Parkplatz gestanden. Dass er zu diesem Zeitpunkt noch mit seinem Produzenten George Glück telefonierte, dementierte dieser. Gegen 16.40 Uhr legte Falco den ersten Gang ein und verließ den Parkplatz zur Flughafenstraße. Ein schwerer Autobus, der von links mit hoher Geschwindigkeit auf der Hauptstraße daherkam, erfasste sein Auto. Falco war auf der Stelle tot.

Nach seinem Tod hieß es in Zeitungen, der Obduktionsbericht hätte den Verdacht bestätigt, dass Falco in Puerto Plata keine Immobilie besichtigte, dafür aber Rauchgift gekauft haben dürfte. Laut eines toxikologischen Gutachtens hatte man einen extrem hohen Anteil von Alkohol, Kokain und Marihuana im Leichnam gefunden.
Die Beerdigung des exzentrischen Künstlers am 14. Februar, drei Tage vor seinem 42. Geburtstag, glich mit über 5000 Trauernden und Prominenten wie Udo Jürgens, Niki Lauda und Wiens ehemaligem Bürgermeister Helmut Zilk auf dem Zentralfriedhof fast einem Staatsbegräbnis. Der Hermelinmantel, den Falco im Video zu »Sound Of Musik« als König Ludwig getragen hatte, lag über dem Sarg aus rötlichem Tropenholz, den die Rockergruppe Outsiders zum Ehrengrab der Stadt Wien trug. Dazu lief Falcos Lieblingslied »It's All Over Now, Baby Blue« von Bob Dylan, das er für »Falco 3« eingesungen hatte. »Wirst sehn, wann i tot bin, wern sie mich plötzlich alle lieb ham, die Gratter. Und sie wern mir eine schöne Leich machen, so viel ist sicher. Aber nur, um mich nachher umso schneller endgültig vergessen zu können«, zitierte der Leiter der Schule für Dichtung in seiner Grabrede den Dahingeschiedenen. Als Vermächtnis hatte der Sänger die neue CD »Out Of The Dark« hinterlassen, die kurz darauf posthum veröffentlicht wurde. Die Single mit der programmatischen Zeile »Muss ich denn sterben, um zu leben?« kam bereits wenige Tage nach seinem Tod auf den Markt und eroberte mit dem Album die Hitparaden.

Rückblickend klingt die Textzeile wie das Fazit des bewegten Lebens eines zutiefst enttäuschten Superstars, obwohl sie schon Jahre zuvor geschrieben wurde. In einem seiner letzten Interviews sagte Falco: »Wenn ich morgen meinem Gott gegenüberstehe, kann ich ihm sagen: ›Ich bin unschuldig. Ich habe niemanden betrogen, ich habe niemandem weh getan, außer mir selbst.‹ Und das wird er mir verzeihen.«

Nirvana

Kurt Cobain und seine erfolgreiche Witwe

(Kurt Donald Cobain: 1967–1994, Love Michelle: *1965)

Dave Grohl, Kurt Cobain, Krist Novoselic

Eine rote herzförmige Geschenkschachtel und ein Boxhieb in die Magengrube – so begann 1990 die turbulente Liebe zwischen Kurt Cobain und Courtney Love. 1994 endete der Traum vom wilden Grunge-Pärchen, als sich der Sänger von Nirvana mit einem Schuss selbst hinrichtete. Die desillusionierte Generation X hatte damit einen ebenbürtigen Märtyrer zu früheren, jung verstorbenen Rockstar-Legenden wie Jim Morrison, Jimi Hendrix oder Sid Vicious. Im Gegensatz zu ihnen hinterließ er mit der Hole-Sängerin Courtney Love eine quicklebendige, streitlustige Witwe, die bis auf den heutigen Tag für Schlagzeilen und Ärger sorgt. Für die einen ist sie die »lachende Witwe« à la Yoko Ono, die karrieremäßig durch seinen Tod profitiert, für andere das Opfer von enttäuschten Fans und einer voreingenommenen Sensationspresse. Die wartete zum 10. Todestag der Grunge-Legende erneut mit einer Mordtheorie auf, doch Verschwörungstheorien dieser Art sind nicht neu.

Auch der ständig bemühte Vergleich zum unseligen Punk-Pärchen Sid & Nancy ist ebenso medientauglich wie unangebracht. Mit Kurt und Courtney trafen sich zwei ausgeprägte Künstlerpersönlichkeiten, die schon beim ersten Treffen ein eigenständiges Leben führten und in den Startlöchern zu einer vielversprechenden, erfolgreichen Karriere standen. Trotz ähnlich zerrütteter Familienverhältnisse waren sie von sehr unterschiedlichem Naturell. Für die Medien war er anfangs der niedliche »Knuddel-Kurt« mit den strahlend blauen, durchdringenden Augen, ein Punk zum Küssen, dann der Kranke, der Schwierige, der Depressive, der Junkie, an der Seite einer herrschsüchtigen Hetäre. Er war die Lichtgestalt, die im tiefsten Inneren im Dunklen lebte, und ironisch die Hoffnungslosigkeit von Verlierern und Versagern verpackte. Seine sanfte Stimme und seine scheue Verletzlichkeit passten nicht ins Macho-Bild, das er mit seiner feministischen Ader bewusst unterlief. Vielleicht schon deshalb, weil er mit überwiegend männlichen Bezugspersonen aufwuchs, die ihn verbiegen wollten. Kurts angreifbare Sensibilität kollidierte mit der Urkraft von Courtney Love, die mit männlicher Brachialgewalt ihren Kopf und ihre Interessen durchsetzte. Er litt unter Ruhm und Öffentlichkeit, sie badet sich noch heute gern im Rampenlicht.

Kurt Donald Cobain wurde am 20. Februar 1967 in Hoquiam bei Aberdeen als erstes Kind von Wendy Fradenburg und dem Automechaniker Donald Cobain geboren. Drei Jahre später kam Schwester Kimberley zur Welt. Kurts Tablettenkarriere begann bereits in der Kindheit, als Ärzte versuchten, das hyperaktive, leicht erregbare Energiebündel mit Ritalin ruhig zu stellen. Das neue Medikament auf Amphetamin-Basis wirkte bei ihm genau gegenteilig und putschte ihn noch mehr auf. Mit den verschriebenen Beruhigungsmitteln schlief er in der Schule ein. Ein Arzt schlug völligen Zuckerentzug vor, woraufhin Kurt tatsächlich ruhiger wurde.

An musikalischen Vorbildern mangelte es nicht, seine Mutter wollte ursprünglich selbst Schlagzeugerin werden, und von ihren sieben Geschwistern waren einige sogar Profimusiker, die den lebhaften Blondschopf gerne förderten. Er bekam Gitarrestunden, später Schlagzeugunterricht, und mit sieben Jahren entdeckte er seine Begeisterung fürs Malen. Die glückliche Kindheit endete 1975 jäh, als die Eltern sich scheiden ließen. Der Sportfanatiker Donald verbrachte längst mehr Zeit mit den Kumpels als seiner Familie. Wie viele Scheidungswaisen gab Kurt sich die Schuld am Scheitern der Ehe. Und zwar, weil er Linkshänder war und folglich auch kein guter Sportler. Don versuchte ihn zwanghaft auf rechts umzupolen und verpasste ihm kleine, aber schmerzhafte Hiebe auf Kopf und Fingerknöchel. Nach der Scheidung führte Kurt bis zum 18. Lebensjahr ein Nomadenleben zwischen dem Vater, der eine Weile in einem Wohnmobil im Camping-Park Montesano lebte, der Mutter und diversen Verwandten. Beide Elternteile hatten neue Partner mit Kindern geheiratet, Kurt kam mit keinem zurecht, wurde widerspenstig, aggressiv und schwänzte die Schule.

1977 entdeckte er einige Artikel über die britische Punk-Szene. Platten der Sex Pistols oder Iggy Pop gab es im Provinzkaff Aberdeen zwar nicht, aber er fuhr auf die Fotos ab und sog alles in sich auf. Mit 13 lebte er bei Onkel Chuck, der in einer Rock-'n'-Roll-Band spielte, ihm eine gebrauchte Gitarre und einen 10-Watt-Verstärker schenkte und die ersten »Power-Akkorde« beibrachte. Er hörte sich quer durch Chucks Plattensammlung und wollte Rockstar werden. Auf der Schule lernte er Matt Lukin kennen, der bei den Melvins spielte. Der Leader der ersten Underground-Heavy-Punk-Band aus Aberdeen war Buzz Osborne und mochte ihn, weil er überall das Logo der Sex Pistols hinsprühte. Kurt schwebte Punk à la Ramones vor, drei Akkorde und lautes Gebrüll. Oder wie die anarchischen Black Flag. Für deren Konzert in Seattle im Sommer 1984 verscherbelte er seine Plattensammlung und legte sich eine stachelige Punk-Frisur zu: »Für mich stand fest, dass ich ein ganzes Leben lang Punk sein werde.«

Dale Crover war der Neue bei den Melvins und lebte in der Nähe. Kurt hatte ein paar Songs geschrieben, doch beim Vorspielen versagte er kläglich. Schon damals plagten ihn viele hartnäckige Leiden: Bronchitis, entsetzliche Rückenschmerzen und chronische, schmerzhafte, mysteriöse Magen-Darm-Koliken. Oft spuckte er Blut, musste mit dem Essen wahnsinnig aufpassen und träumte von Selbstmord. Deshalb hielt er sich laut seiner Mitschüler bis zur 9. Klasse auch von Bier, Zigaretten und Marihuana fern. Er langweilte sich in der Schule, las enorm viel, schrieb Gedichte und galt als hochintelligent. Allerdings bekamen die Lehrer auch seine sprichwörtliche Arglosigkeit und Sturheit zu spüren. Jegliche Art von Konformismus war ihm verhasst.

Einer seiner Schulfreunde war schwul und bald wurde der zierliche, zerbrechlich wirkende Kurt als »Schwuchtel« verhöhnt. Später spielte er bei Auftritten und in Videos optisch mit der Bisexualität und meinte: »Ich stehe dem weiblichen Wesen auf jeden Fall näher als dem männlichen – jedenfalls näher als der amerikanischen Vorstellung davon, wie ein Mann angeblich zu sein hat«, ein Thema, das ihn auch in seinen Tagebüchern, Comics und Songtexten beschäftigte. Als ihm der Vater nach seinem Highschool-Abschluss 1985 eine Musikerkarriere verbot, packte er seinen Kram und ging.

Er hielt sich mit lausigen Jobs über Wasser, schlief bei Freunden, im Auto, manchmal unter der North Aberdeen Bridge und verewigte sich als Graffiti-Sprayer. Sprüche wie »Gott ist schwul«, »Nixon hat Hendrix umgebracht«, »Treibt Jesus ab« oder »Her mit den Homo-Sex-Regeln« brachten ihm wegen Vandalismus eine Geldstrafe von 180 Dollar ein, eine Haftstrafe von 30 Tagen auf Bewährung und einen Eintrag im Polizeiregister. Wegen der anhaltenden Schmerzen griff er zu codeinhaltigen Medikamenten und bald darauf zum Heroin, das ihm laut Tagebucheintrag echte Erleichterung verschaffte.

Mit den Freunden Dale Crover und Chris Novoselic gründete er diverse Bands, aus denen 1987 das Trio Nirvana hervorging. Den Bandnamen erklärte Kurt so: »absoluter Frieden nach dem Tod«. Er lebte mit einer Freundin in Olympia, die Band spielte meist auf Parties und nahm mit Produzent Jack Endino mehrere Demobänder auf, von denen Stücke wie »Paper Cuts«, »Floyd The Barber« und »Downer« 1989 auf »Bleach«, dem Debütalbum von Nirvana, erschienen. Kurt wechselte vom Schlagzeug zur Gitarre. Endino über ihn: »Er war im Grund nur ein netter Junge, der es nicht mochte, berühmt zu sein. Er war nicht so exhibitionistisch wie der typische Rockstar. Er war schon glücklich, wenn er seine Musik spielen konnte und aus dem verdammten Aberdeen herauskam.« Das Sub-Pop-Label in Seattle, verantwortlich für den Grunge-Boom, veröffentlichte im Dezember 1988 von der ersten Nirvana-Single, dem Shocking-Blue-Cover »Love Buzz«, 1000 Exemplare. Und auf einem Sampler der Firma C/Z war Nirvana mit »Mexican Seafood« vertreten und Kurt wegen eines Druckfehlers als Kurdt Kobain. Amüsiert behielt er diesen Namen sogar für die Single »Love Buzz« bei und signierte viele Zeichnungen damit.

Das Debütalbum »Bleach« wurde für 600 Dollar eingespielt, verkaufte sich überraschenderweise über 40.000-mal und entwickelte sich im Frühjahr 1989 zu einem Renner bei den College-Radios. Genau zu diesem Zeitpunkt entdeckte die britische Musikpresse »Grunge«, das neue Ding aus Seattle, eine unverfälschte Fortsetzung von Punk und Metal auf amerikanische Weise mit eigener Szene und eigener

Mode. Das britische Musikblatt »Melody Maker« schwärmte über Nirvana: »Keine Rockstar-Allüren, keine intellektuelle Perspektive, kein Schlachtplan zur Eroberung der Welt ...«

Die anschließende Europatournee wurde für den gesundheitlich labilen Kurt zur Tortur, aber wenn er auftrat, musste man auf alles gefasst sein. In Berlin zerschmetterte er seine Gitarre und verließ nach sechs Stücken die Bühne, ein andermal zertrampelte er auf der Bühne die Mikrofone, brach dann in Tränen aus und erklärte, die Band zu verlassen. Der damalige Schlagzeuger Chad Channing: »Wenn er wollte, schien er zu allem fähig zu sein, egal ob es nun gut war oder schlecht.«

Kurt hatte eine Odyssee durch Arztpraxen hinter sich, Magen- und Darmspiegelungen, immer neue Therapien, die nicht halfen – nur das Heroin und diverse Tabletten hielten die Schmerzen und die Angst davor in Schach. Auf Tournee schlug er sich mit einem Stock minutenlang auf die Brust, um den Schleim zu lösen.

In den Anfangszeiten von Nirvana Ende 1990 konsumierte er angeblich nur einmal pro Woche Heroin, hauptsächlich als Medizin gegen seine chronischen Schmerzen. Lange saß er deshalb dem Irrtum auf, er könne die Droge und auch den Entzug kontrollieren und dementierte alle Gerüchte über seine Sucht vehement.

Dave Grohl wurde Nirvanas fester Schlagzeuger und Plattenfirma Geffen nahm die Gruppe für 287.000 Dollar unter Vertrag, »wir rechneten mit maximal 100.000–250.000 verkauften LPs, das war die Norm für andere Alternative Bands.« Eigentlich wollte sich Kurt mit keinem der Branchengrößen einlassen, die um sie buhlten, aber die Angebote waren verführerisch. »Unser Vertrag ist einer der besten, den wir bekommen konnten. Wir können in jeder Hinsicht selbst bestimmen, was wir spielen wollen.«

Als Kurt Anfang 1990 nach einem Konzert in Portland zum ersten Mal Courtney Love begegnete, machten sie sich wegen ein paar Drinks an und wälzten sich nach ein paar Boxhieben unflätig auf dem Fußboden. Zu dem Zeitpunkt waren sie beide liiert. Monate später lernte sie über ihre Bandkollegin Jennifer Finch von Hole den Nirvana-Schlagzeuger Dave Grohl kennen. Ihm gestand Courtney, sie sei schwer in Kurt verliebt. Und der meinte zu ihr, Kurt hätte auch ein Auge auf sie geworfen. Also wurde ein Geschenk weitergereicht, eine herzförmige rote Schachtel, in die sie Tannenzapfen, Muscheln, eine Puppe und ein winziges Teegeschirr gepackt hatte. Er hat sich zwar nie wörtlich dafür bedankt, aber später den Song »Heart-Shaped Box« geschrieben und das Plattencover der ersten Single aus »In Utero« damit geschmückt.

Courtney Love stammt ebenfalls aus chaotischen Familienverhältnissen. Sie wurde am 9. Juli 1965 in San Francisco als Love Michelle geboren, als ältestes Kind von jeweils fünf Halbbrüdern und -schwestern, die alle einen Universitätsabschluss haben. Ihre Mutter Linda Caroll war Psychologin, ihr Vater Frank Harrison Autor der Grateful-Dead-Biografie »The Dead: A Social History Of The Haight-Ashbury Experience« und selbst ernannter Drogenexperte. Auf dem dritten Album der Dead, »Aoxomoxoa«, ist die vierjährige Courtney neben anderen Familienmitgliedern abgebildet.
Nach der Scheidung der Eltern 1970 bekam ihre Mutter das Sorgerecht schon deswegen, weil Vater Hank die Tochter bereits mit vier Jahren unter LSD gesetzt hatte. Auch später versorgte er Courtney, wie ihre Mutter sie nach der Scheidung nannte, mit allen nur verfügbaren Drogen. Danach wuchs sie, je nach den Lebensumständen ihrer ebenso rat- wie rastlosen Mutter, mit befreundeten Therapeuten, Stiefvätern und -geschwistern in Patchwork-Familien und bei Pflegeeltern auf, wurde zwischen Neuseeland, England und Portland hin und her geschoben. Auf der Schule nannte man sie »Pissnelke«, weil ihre Klamotten nie gewaschen wurden, und stufte sie als »leicht autistisch« ein. Eine Freundin meinte, die Mutter wollte sie in die Psychiatrie stecken, »aber Courtney hatte den IQ eines Genies«.
Wegen eines kleinen Ladendiebstahls folgte eine Odyssee durch Besserungsanstalten und Jugendheime. Gutachter bestätigen ihren

hohen Intelligenzgrad, aber auch ihr niedriges Selbstwertgefühl. »Äußerlich scheint sie sehr stark und selbständig zu sein, aber tief im Inneren ist sie offenbar ein sehr verängstigtes, junges Mädchen ...« Ihr Vater Hank, den sie noch heute fürchtet, bezeichnete sie als »versaut und negativ«.

Mit 15 Jahren entdeckte sie Punkbands wie die Runaways, Stooges und Sex Pistols. Ab da war ihr klar, auch sie wollte diese Macht auf der Bühne spüren, aber sie fand sich hässlich und fett. Als sie als minderjährige Punk-Stripperin begann, fühlte sie sich plötzlich begehrenswert. Ihre Sozialbetreuer holten Geld aus ihrer Familie und Courtney wurde mit 16 juristisch mündig und finanziell unabhängig. Danach lernte sie Gitarre, jobbte in London als DJ, tingelte als Stripperin durch Japan, Taiwan, Hongkong, Alaska und landete wieder in Los Angeles. Zwischenzeitlich hatte sie ein paar kurzfristige Bands gegründet. In ihrem Tagebuch listete sie so ziemlich alle Drogen auf, die sie bis dahin konsumiert hatte, meist vom Vater oder von befreundeten Therapeuten freizügig an sie abgegeben. In Los Angeles arbeitete sie mit Jennifer Finch, der späteren Bandkollegin bei Hole, als Fernsehstatistin und bewarb sich 1986 beim Casting für den Spielfilm »Sid & Nancy« von Regisseur Alex Cox. Statt der erhofften Hauptrolle bekam sie nur eine Nebenrolle, spielte aber 1987 in Cox' Rock-Western »Fahr zur Hölle« mit. Als sie in Seattle strandete, blühte gerade die Grunge-Szene auf.

Nach der ersten Begegnung mit Kurt gründete sie 1990 Hole. Der »Kinderhuren«-Look der Punk-Lolitas ließ sich bestens vermarkten. 1991 spielte Courtney das zornige Debütalbum »Pretty On The Inside« ein und führte weiterhin ein unstetes Leben, zu dem auch eine kurz darauf annullierte Ehe mit dem Punk-Transvestiten Falling James Moreland gehörte. Als die erste Single von Hole erschien, »Retard Girl«, lebte Courtney mit dem bereits relativ prominenten Musiker Billy Corgan von den Smashing Pumpkins aus Chicago zusammen. Und als sie Kurt im Mai 1991 im Palladium von Los Angeles wiedersah, war

»Pretty On The Inside«, das Debütalbum von Hole, bereits mit wohl-
wollenden Kritiken veröffentlicht, während Nirvana ihr sensationelles
Erfolgsalbum »Nevermind« gerade einspielten.[*] Kurt tauchte dort
spätnachts bei ihr zuhause auf und wollte Hustensaft und Drogen
gegen seine Magenbeschwerden. Sie verbrachten eine eher unroman-
tische Nacht. Eine Freundin über Courtney: »Es gibt einen Groupie-
Radar, sie wittern einen kommenden Star …«

Im September erschien das neue Nirvana-Album »Nevermind«. Die
zornige Grunge-Hymne »Smells Like Teen Spirit« mit der Zeile »Load
up in guns and bring your friends …«[**] rotierte im Radio und auf
MTV mit einem Video viertelstündlich und kündigte den ganz großen
Erfolg an. Im Oktober 1991 setzte Billy Corgan nach einem heftigen
Streit Courtney vor die Tür, weil sie ein Nirvana-Konzert besuchen
wollte. Was sie dann samt ihren Koffern auch tat. Auf der anschließenden Party kostümierte sich Kurt mit ihren Dessous, doch später
flogen die Gläser. Eigentlich waren sie ständig am Streiten, das schien
ihre Form von Energie und Beziehung zu sein. Sie bezeichnete ihr
Verhalten als »Paarungsritual dysfunktionaler Menschen«, er gab zu,
dass sie die Gefahr anzog, und dieses Risiko habe ihn gereizt.

Ab da waren sie ein unzertrennliches Paar. Sie nahm das Zepter in
die Hand und spielte ihre Rolle als Yoko für ihren John Lennon perfekt, wie viele meinten, eine keifende, dominante Schlampe. Doch sie
brachte ihn nicht auf Heroin, im Gegenteil. Sie rettete schon damals
Kurt nach Überdosen mehrmals das Leben, denn dank ihres Vaters
Hank und Mutters Therapeuten hatte sie auch ein professionelles Wissen über Gegenmittel und Wiederbelebung. Sie war sowohl körperlich
als auch mental die Stärkere und beschützte den fragilen Kurt auf
ihre Weise sehr mütterlich.

---

[*] Das zu Courtneys Wahrheitsliebe: In der Biografie von Poppy Z. Pride »Courtney
Love« behauptet sie, Cobain sei damals ein Niemand und sie bereits ein Star gewesen.
Keines von beiden stimmt, sie waren sich zumindest karrieremäßig absolut ebenbür-
tig.

[**] »Besorgt euch Waffen und bringt eure Freunde mit …«

»Nevermind« eroberte Ende Dezember 1991 Platz 1 der US-Charts, erhielt im Februar darauf Dreifachplatin und wurde bis heute über 10 Millionen Mal verkauft. Kurt war der neue Star, das Teenageridol, der blonde, unberechenbare, scheue, wilde Frontmann von Nirvana. Womit er nicht gerechnet hatte war, dass er demselben Rummel ausgesetzt sein würde wie frühere Rockstars. Er glaubte, mit Punk hätte sich diese Hysterie gelegt: »Es war, als wäre die Welt am Abend noch in Ordnung gewesen und am nächsten Morgen hätten sie in den Nachrichten gesagt, ich sei ein entflohener Kindermörder.«

Und genauso wurden er und seine Courtney kurz darauf behandelt. Als sie von ihrer Schwangerschaft erfuhr, stellte sie alle Drogen ein und ließ sich von einem Spezialisten für Geburtsschäden beraten, weil sie das Kind unbedingt haben wollte. Kurt wirkte so zerbrechlich, dass sie davon ausging, er würde nicht lange leben, und es sei die einzige Chance für ein gemeinsames Kind. Am 24. Februar heiratete das Paar in Waikiki nach Abschluss der Nirvana-Tournee durch den Fernen Osten, Kurt in einem grünen Pyjama, Courtney in einem Spitzenkleid, das einst der Schauspielerin Frances Farmer gehörte, die Kurt schon als Teenager verehrt hatte.

Als Kurts Heroinsucht bekannt wurde, durchwühlten Sensationsreporter seinen Müll. Inzwischen kosteten ihn die Drogen täglich 400 Dollar. Er verdrängte weiterhin das Problem, da er keine kreativen Ausfälle hatte, enorm produktiv war und sogar monatelang auf Heroin verzichten konnte. Dass er jedoch aufgrund seines Starruhms Verantwortung für alle Kids haben sollte, war eine Rolle, mit der er nicht zurechtkam: »Ich bin genauso verwirrt wie alle anderen. Ich habe auch keine fertigen Antworten parat.« Während Courtneys Schwangerschaft behalf er sich nach einem drastischen Entzug auf der Welttournee 1992 mit der Ersatzdroge Methadon. Doch es kam zu Zwischenfällen wie jenem in Belfast im Juni, wo er wegen einer angeblichen Magenblutung mit der Ambulanz ins Krankenhaus eingeliefert wurde. Kurt wollte – und musste – zur Geburt seiner Tochter Frances Bean clean sein, denn ein Artikel in »Vanity Fair« hatte landesweite Empörung ausgelöst.

Die knallharte Skandalreporterin Lynn Hirschberg hatte moralisch entrüstet schwere Vorwürfe gegen das Paar erhoben, unter anderem, Courtney habe während der Schwangerschaft Heroin genommen, was beide dementierten. Trotz vieler nachweislicher Fehler steht der Artikel bis heute im Raum, wenn es um das Sorgerecht von Cobains Tochter geht. Er erschien zwei Wochen vor Geburt des Kindes – ungefähr zu der Zeit, als Geffen Records Courtney und ihrer relativ erfolgreichen Band Hole ein Vertragsangebot über eine Million Dollar gemacht hatte: Ihr Marktwert als Kurt Cobains Ehefrau war enorm gestiegen.

Vor der Geburt zogen sich beide völlig entnervt in eine abgeschirmte Klinik zurück, in der Kurt seinen Entzug absolvierte. Angeblich war er im Kreißsaal dabei und kippte um. Courtney soll ihn höchstpersönlich aus dem Bett geholt und mitgeschleppt haben. Tochter Frances Bean kam am 18. August 1992 in Los Angeles gesund auf die Welt. Doch aufgrund des »Vanity«-Artikels schritt das Vormundschaftsgericht von Los Angeles ein. Die Kleine wurde anfangs in die Obhut von Courtneys Schwester Jaimee gegeben. Einen Monat lang durften sie ihr Kind nur in Anwesenheit Dritter sehen. Damals entstand Courtneys Song »I Think That I Would Die«. Sie mussten monatelang Urinproben abliefern und Besuche von Sozialarbeitern dulden. Im Frühjahr 1993 übertrug man ihnen das Sorgerecht. Kurt damals: »Meine Einstellung ist eigentlich erst in den letzten zwei Jahren etwas optimistischer geworden. Das liegt daran, dass ich jetzt ein Kind habe und jemanden liebe. Das ist ein Segen für mich ... jetzt habe ich das Leben, das ich immer wollte. Ich wollte eine Partnerin, ich wollte Sicherheit, ich wollte eine Familie.«

Sie kauften ein kleines Anwesen in Carnation und mieteten ein weiteres in der Innenstadt von Seattle. In der Dezember-Ausgabe von »Spin« schwärmte Courtney, »dass Frances garantiert eine hundertprozentig perfekte Kindheit haben wird. Wir wussten, dass wir ihr geben konnten, was wir nie bekommen haben – Loyalität und Mitgefühl, Ermutigung. Wir wussten, wir würden ihr ein echtes Zuhause geben ...« Und dann meinte sie noch: »Ich denke, wenn man heiratet, sollte das für immer sein ...«

Doch bereits im März 1993 erlitt Kurt einen Rückfall, der im Mai mit einer dramatischen Überdosis in der Notaufnahme endete. Im Juni rief Courtney die Polizei ins Haus. Sie hatte ein riesiges, geheimes Waffenarsenal entdeckt und es war zwischen ihr und Kurt zu Handgreiflichkeiten gekommen. Die Polizei beschlagnahmte die Waffen, er wurde nach drei Stunden Polizeigewahrsam freigelassen, weil Courtney die Kaution stellte und auf eine Anzeige verzichtete.

Wegen Kurts Problemen hatten Nirvana erst im Frühjahr 1993 die neue LP »In Utero« eingespielt. Die Band stellte vor Veröffentlichung des Albums im Juli das Material beim »New Music Seminar« im New Yorker Roseland Ballroom vor. Kurz zuvor hatte Courtney mit ihrem eigenen Medizinkoffer Kurt aus der Ohnmacht einer Überdosis zurückgeholt. Seine Paranoia nahm zu, er fühlte sich in der Öffentlichkeit nicht mehr wohl. Die Journalistin Jo-Ann Greene registrierte im Juli bei einem Interviewtermin, dass der Sänger sich hinter seinen Bandkollegen zu verstecken versuchte. »Für ihn war dieses Unerträgliche zur Normalität geworden – bis er es schließlich nicht mehr aushalten konnte.«

Das Album erschien im September und stand sofort an der Spitze der amerikanischen und britischen Charts. Darauf war auch der Song zu hören, den er über Courtneys erstes Geschenk verfasst hatte, »Heart-Shaped Box«. Viele Songs handelten von Kurts psychischen Problemen nach der Trennung seiner Eltern, aber auch von der Last des Ruhmes wie »Rape Me«, wobei er den eindeutigsten Titel zu diesem Thema, »I Hate Myself And Want To Die« (Ich hasse mich und möchte sterben), nicht aufs Album nahm.

Im Oktober 1993 lautete die Schlagzeile in der britischen Zeitschrift »Vox« zu einer Titelgeschichte und einem Foto von Kurt »Kurt auf Entzug: Ich zog gerade so viel Stoff in die Spritze, wie hineinpasste« und darunter war zu lesen: »Selbstmord ist nicht schmerzlos.« Diesen Selbstmord beging Kurt auf Raten. Auf der US- und Europatournee von Nirvana im Herbst begleitete ihn Töchterchen Frances Bean. Courtney war für ein neues Hole-Album im Studio, sie sahen sich nur sporadisch in Hotels und Konzerthallen und sie bekam offenbar nicht mit, wie schlecht es ihm ging. Er wurde immer verschlossener und schweigsamer. Mitarbeiter der Plattenfirma: »Wie kann man einem Menschen helfen, der keine Hilfe will und niemanden an sich herankommen lässt?« Im November sang Kurt beim erfolgreichen Auftritt für die akustische MTV-Reihe »Unplugged« auch »The Man Who Sold The World« von David Bowie mit einer eigenen Textzeile: »Mit anderen Multimillionären starrte ich blicklos vor mich hin – ich bin wohl schon vor langer, langer Zeit allein gestorben.« Seine Magenschmerzen plagten ihn mehr denn je, er gestand dem Journalisten Michael Azarred: »Man spürt das Pochen, als hätte man ein Herz im Magen ... Ich kann richtig fühlen, dass alles roh und entzündet ist.« Die Therapie aus Tranquilizern und Heroin machte ihn zunehmend paranoid.

Anfang des Jahres bezog das Paar in Seattle im vornehmen Wohnviertel Madrona am Lake Washington Boulevard 171 eine Villa für sieben Millionen Dollar. Im Februar 1994 brachen Nirvana gegen Kurts Willen zu einer Europatournee auf. Selbst an seinem 27. Geburtstag am 20. Februar soll er auf alle Ausschweifungen verzichtet und nur Mineralwasser getrunken haben. Beim ersten Konzert in München am 1. März litt er bereits an Bronchitis und einer Halsentzündung. Das zweite Konzert tags darauf wurde wie alle restlichen Termine wegen Krankheit abgesagt. Er traf sich mit Courtney und Frances für ein paar Ferientage in Rom. Courtney nahm damals das Beruhigungsmittel Rohypnol. Das Opium-Substitut wirkt wie K.O.-Tropfen, in Verbindung mit Alkohol führt es zu Bewusstlosigkeit und Gedächtnisverlust. Die beiden sollen an diesem Abend einen furchtbaren Streit gehabt haben, es ging um Kurts Ausstieg aus der Band, sogar um das Ende der Ehe.
Als Courtney am 4. März wach wurde, war Kurt bewusstlos und sie stellte fest, dass er einen Selbstmordversuch mit einer Mixtur aus 50 Tabletten Rohypnol und Champagner unternommen hatte. In seiner Jackentasche steckte ein Zettel mit dem Text: »Du liebst mich nicht mehr. Ich werde lieber sterben als mich scheiden lassen.« Kurts

Management Gold Mountain sprach der Presse gegenüber von einer ungewollten Überdosis Schmerzmitteln. Er lag 24 Stunden im Koma. Nach einer Woche Krankenhaus kehrte das Paar nach Seattle zurück und die mentalen Probleme von Kurt eskalierten.

Am 18. März rief Courtney abermals die Polizei. Kurt hatte sich mit einer Waffe im Badezimmer verbarrikadiert und drohte, sich zu erschießen. Der Polizei erklärte er, eigentlich würde er sich nur vor seiner Frau verstecken. Sie beschlagnahmten vier Waffen und diverse Tabletten. Bei einer Krisensitzung mit Freunden, Familienmitgliedern, der Band und dem Management verleugnete er hartnäckig, ein Junkie zu sein und reagierte desinteressiert, als Courtney an seine Verantwortung als Vater appellierte. Das Management drohte sogar, ihn fallen zu lassen, falls er nicht in eine Klinik ginge.

Wenige Tage später folgte der nächste Ehekrach wegen eines Luxusautos, das Courtney auf Kurts Drängen wieder zurückgeben sollte. Daraufhin drohte sie mit der Scheidung und rief die gemeinsame Anwältin Rosemary Carroll an. Mit ihr sprach Kurt angeblich über sein Testament, aus dem er Courtney streichen wollte. Courtney flog am 25. März nach Los Angeles, um das neue Hole-Album »Live Through This« zu promoten und hoffte, er würde sie begleiten und sich dort für einen Entzug ins Exodus Recovery Center begeben. Sie rief täglich an. Schließlich gab er klein bei.

Zuvor jedoch hatte er mithilfe seines alten Freundes Dylan Carlson eine Schrotflinte gekauft. Er fühle sich bedroht, meinte, er hätte aber Angst, die Polizei würde die Waffe abermals konfiszieren. »Mir erschien das erst einmal plausibel«, so Dylan, der am 30. März die Schrotflinte erstand, eine Remington Modell 11, Kaliber 20, die Kurt zuhause versteckte.

Zwei Tage nach seiner Einlieferung ins Exodus Recovery Center büchste er wieder aus, was die Klinik offiziell dementierte. Kurz vor seinem Verschwinden rief er nochmals Courtney an, »egal, was passiert, du sollst wissen, dass du eine phantastische Platte gemacht hast«. Und meinte noch »Ich liebe dich.« Während Courtney seine Kreditkarten sperren ließ und in Los Angeles einschlägige Adressen abklapperte, war Kurt am 1. April auf einem Delta-Flug nach Seattle. Zufällig saß Duff MacKagan von der Band Guns N'Roses neben ihm, der nicht wusste, dass Kurt tags darauf zur meistgesuchten Person der USA gehörte, denn sein Verschwinden wurde bewusst geheim gehalten. Er fuhr direkt zur Villa, in der sich Freund und Babysitter Michael »Cali« DeWitt aufhielt und Courtney über Kurts Eintreffen informierte. Danach sei er wieder verschwunden. Später hatte er sich offenbar 25 Schrotpatronen gekauft. Wo er die Zeit danach verbrachte, ist unklar. Courtney blieb in Los Angeles und beauftragte am 3. April den Privatdetektiv Tom Grant mit der Suche nach Kurt, der jedoch einen Mitarbeiter vorort in Seattle auf den Fall ansetzte. Kurts Mutter gab am 4. April eine Vermisstenanzeige bei der Polizei auf, beschrieb Kurt als vermutlich bewaffnet und selbstmordgefährdet. Die Polizei machte zwar mehrmals die Runde um die Cobain-Villa, die verwaist schien, obwohl seit Tagen Handwerker Reparaturarbeiten ausführten.

Offenbar schlich sich Kurt erst am 5. April ins leer stehende Haus und schloss sich im Gewächshaus über der Garage ein, das man von außen nicht einsehen konnte. Er pumpte sich mit einer Mischung aus Valium und Heroin voll und schoss sich in den Mund. Zuvor schrieb er einen langen Abschiedsbrief. »In jedem von uns steckt Gutes und ich liebe die Menschen einfach zu sehr. So sehr, dass es mich verflucht traurig macht. Traurig, klein, sensibel. Fische-Jesus-Mann ... Ich bin ein viel zu launischer, unberechenbarer Mensch und ich habe meine Leidenschaft verloren.« Und in Anlehnung an einen Neil-Young-Song »immer noch besser auszubrennen als zu verblassen«. Den Brief spießte er mit seinem Füllfederhalter auf und steckte ihn in einen Blumentopf.

Am 7. April wurde Courtney in Los Angeles wegen einer »Medikamentenallergie« in eine Klinik eingeliefert und wegen Besitzes illegaler Betäubungsmittel verhaftet. Es war ein Bluff, sie war laut Ärzten absolut drogenfrei. Später gestand sie, sie hätte den Vorfall nur vorgetäuscht, um damit Kurt aus seinem Versteck aufzuschrecken. Am

8. April entdeckte der Elektriker Gary Smith, als er im Anwesen ein neues Alarmsystem einbauen wollte, durch ein Garagenfenster Kurts Leiche, mit Jeans, langärmeligem Hemd und schwarzen Turnschuhen bekleidet. Nach einer Autopsie legte man den 5. April als Todestag fest, die Pathologen gaben jedoch eine mögliche Fehlerquelle von etwa 24 Stunden an. Damit könnte Kurt schon vor Aufgabe der Vermisstenanzeige am 4. April tot gewesen sein.

Ein Punkt, auf dem die Mordtheorie des Privatdetektivs Tom Grant basiert, die der Ex-Polizist seit Cobains Tod auch im Internet hartnäckig verbreitet. Courtney hätte genügend Motive für einen Mord an ihrem Ehemann gehabt. Als sie ihn engagierte, soll sie ihm erklärt haben, Kurt wolle sich scheiden lassen und sein Testament ändern. Sie wäre auch sauer gewesen, dass er die lukrative Lollapalooza-Tournee abgesagt und damit auf Millionen von Dollars verzichtet hätte. Sie hätte verschwiegen, dass Kurt bereits in Seattle war. Die Vermisstenanzeige bei der Polizei hätte sie von Los Angeles aus gemacht und sich am Telefon als Kurts Mutter Wendy O'Connor ausgegeben. Einem Taxiunternehmer nach soll fünf Stunden, bevor Kurt zum erstenmal sein Haus betrat, ein Mann das Anwesen mit eben diesem Taxi verlassen haben. Der große Unbekannte wollte in einem Laden Schusspatronen kaufen. Und die vier letzten Zeilen in Kurts Abschiedsbrief: »Bitte Courtney mach wegen Frances weiter, ihr Leben wird ohne mich viel glücklicher verlaufen … Ich liebe dich …« würden laut zweier graphologischer Gutachten von einer anderen Handschrift stammen. Allerdings gab es einen weiteren, sehr persönlichen Abschiedsbrief, wie Courtney Endes des Jahres der Zeitschrift »Rolling Stone« berichtete.
Grants Verschwörungstheorie ging noch weiter. Demnach sollen Courtney und DeWitt, mit dem sie erwiesenermaßen nie ein Verhältnis hatte, auch noch diverse Zeugen aus dem Weg geräumt haben. Dazu zählen laut Grant sein Verbindungsmann bei der Polizei, der am 4. Juli 1994 ermordet wurde, die Hole-Bassistin Kristen Paff, die am 16. Juni des Jahres an einer Überdosis Heroin starb, sowie der alko-

holkranke Rock 'n' Roller El Duce Hoke, der am 19. April von einem Zug überrollt wurde. Laut einer polizeilichen Aussage, die jedoch nicht registriert wurde, hätte ihm Courtney im Dezember 1993 50.000 Dollar für den Mord an Kurt geboten, er sei aber nicht zum vereinbarten Treffpunkt gegangen.

Durchgeknallte Wichtigtuer, die es auf Prominente abgesehen haben, gibt es zuhauf. Und Courtney war für viele dank ihrer unkonventionellen und tabubrechenden Lebensweise ohnehin ein rotes Tuch. Warum sie sich mit dem Babysitter Michael »Cali« DeWitt ein so kompliziertes Komplott ausgedacht haben soll, ist völlig unklar und abwegig. Kurt hatte Courtney vor seinem Tod genügend Möglichkeiten geboten, ihn durch unterlassene Hilfeleistung aus dem Weg zu räumen, etwa beim Selbstmordversuch in Rom.

Courtney flog nach der Todesnachricht mit einer Chartermaschine nach Seattle und leistete Kurts Mutter Wendy Beistand. »Ich schlafe jede Nacht in ihrem Bett. Wenn ich morgens aufwache, denke ich manchmal, ich liege neben ihm, weil er ja ein Teil ihres Körpers war«, erklärte sie. Bei der öffentlichen Trauerfeier am 10. April las sie den 7000 Fans im Park Seattle Center Pavillion Passagen aus Kurts Abschiedsbrief vor. »Manchmal sollte ich eine Stechuhr haben, bevor ich auf die Bühne klettere. Ich habe alles versucht, um wieder Spaß daran zu finden, aber es reichte eben nicht aus. Ich bin wohl zu sensibel, denn ich muss einfach leicht benebelt sein, um diese Erregung wieder zu spüren, die ich als Kind hatte.« Der Brief erschien später auch als Audio-CD. Sie kommentierte mit tränenerstickter Stimme Kurts Geständnis mit dem Wort »Arschloch«. Trotz? Wut? Hilflosigkeit oder ihre Punk-Art, Liebe auszudrücken? Die Fans kamen ihrer Aufforderung nach, im Chor »Arschloch« zu brüllen. Die Journalistin Jo-Ann Greene dazu: »Arschloch? Nein, ich habe einen verstörten, verängstigten Mann kennen gelernt. Den gehetzten Ausdruck in seinen Augen werde ich niemals vergessen.«

Courtney las den Brief abermals bei der Familienfeier den 200 anwesenden Trauergästen vor. Nach dem Gottesdienst spielte man ein Band mit Kurts Lieblingssongs von Iggy Pop, den Beatles und Leadbelly, aber auch seine eigenen. Bevor seine Leiche eingeäschert wurde, ließ Courtney von seinen Händen, die sie so sehr geliebt hatte, einen Gipsabdruck anfertigen. Später wartete sie mit einer perversen Geschichte über die Mitarbeiter des Beerdigungsinstitutes auf, die Kurts Leiche eingeäschert hatten. Angeblich sollen sie die Leiche verkleidet, ihr den Kopf rasiert, mit ihr getanzt und danach sogar »Souvenirs« von ihr abgeschnitten haben. Man hätte ihr eine Videoaufzeichnung zugeschickt. Sie verteilte Kurts Asche an verschiedenen Orten, um jeglichen Fantourismus zu vermeiden. Ein Teil liegt unter einer kleinen Trauerweide im Garten des Anwesens in Seattle, ein anderer ruht im Namgyal-Kloster in Ithaca, New York, von tibetanischen Mönchen gehütet, wo sie sich mit einem Mönchsritual von Kurt verabschiedete.

Seit Kurts Tod macht Courtney Love mit ihrer Prozesswut und als Skandalnudel Schlagzeilen. Alles zusammen war sicher hilfreich für ihre Hollywoodkarriere als Schauspielerin. Anfangs bewältigte sie ihre Trauerarbeit auch im Internet und wehrte sich gegen die Anschuldigungen ihres Vaters Hank Harrison, der sich auf die Seite von Tom Grant schlug und mit einem Enthüllungsbuch drohte. In der umstrittenen Filmdokumentation »Kurt und Courtney« von Regisseur Nick Bloomfield ließ er 1998 zwischen den Zeilen durchblicken, dass er sie für eine Mörderin hielt. Das Internet quillt noch heute über mit Anfeindungen und Hasstiraden über die Grunge-Schlampe, die sich Kurt aus Berechnung geschnappt und zu Tode gefixt hat. Im Frühjahr 1995 kaufte Courtney ein Haus für Kurts Mutter Wendy und wurde für ein paar kleine Filmrollen engagiert. Im Juni 1995 schmückte sie das Cover von »Vanity Fair«, die sie als späte Wiedergutmachung mit hervorragenden Fotos präsentierte. Dem Redakteur Kevin Sessums erklärte sie: »Das amerikanische Publikum will, dass ich sterbe, aber den Gefallen werde ich ihm nicht tun.« Und doch wäre es fast passiert, denn sie konnte ohne Tabletten nicht mehr schlafen und schluckte auf einem Flug nach Seattle wohl eine zu viel. Bewusstlos wurde sie ins

Hospital eingeliefert. Auf der anschließenden Lollapalooza-Tournee kam es zu einem Gerangel mit ihrer alten Feindin Kathleen Hanna von Bikini Kill. Courtney wurde zu einer einjährigen Gefängnisstrafe auf Bewährung verurteilt und musste sich einem »Antiaggressionsprogramm« unterziehen.

Dann bot sich endlich die Chance, auf die sie lange gewartet hatte. Regisseur Milos Forman engagierte sie für seinen Film »Larry Flint: Die nackte Wahrheit« über den »Hustler«-Herausgeber als dessen Frau Althea, die mit 14 strippte und Playmate wurde. Produzent Oliver Stone meinte, »diese Frau hat den Mumm für diese Rolle«. Allerdings wurde eine hohe Risiko-Police abgeschlossen, Courtney musste während der Dreharbeiten wöchentlich eine Urinprobe abliefern. Sie veränderte ihr Image zur eleganten jungen Frau im rosa Thierry-Mugler-Kostüm und hatte für den Film enorm abgenommen. Sie begann mit dem Schauspieler Edward Norton eine Affaire auf dem Set und machte ihm zuliebe später einen Tablettenentzug. 1996 erhielt sie mehrere Auszeichnungen für »Larry Flint« und wurde für den Golden Globe nominiert. Die »Vogue« präsentierte »Die große Veränderung der Courtney Love« in Designerklamotten. Sie verhielt sich im Fernsehen formvollendet höflich und meinte, sie würde nun endlich erwachsen werden. Den begehrten Oscar erhielt sie nicht, trat aber bei der Verleihung im silbernen Versace-Kleid als Moderatorin auf und galt als neues Vorbild einer Frau, die es geschafft hatte, durchs Feuer zu gehen.

1996 ließ sie das Gewächshaus samt Garage abreißen, weil es zur Pilgerstätte für Fans wurde. Anfang 1997 verkaufte sie das Anwesen in Seattle und zog mit ihrer Tochter nach Los Angeles. Die Käufer mussten schriftlich bestätigen, weder ein Museum noch einen Wallfahrtsort daraus zu machen und dass sie jederzeit Zugang zur Trauerweide hätte, unter der ein Teil von Kurts Asche liegt.

Nach Kurts Tod behaupteten viele, die meisten Songs auf dem Hole-Erfolgsalbum »Live Through This« würden aus Kurts Feder stammen, dem Billy Corgan von The Smashing Pumpkins widersprach. »Sie ist eine hervorragende Songschreiberin.« Mit den verbliebenen Nirvana-Musikern gründete sie 1997 die Firma Nirvana L.L.C., die sich als Nachlassverwalter um alle Belange und Aufnahmen von Kurt und der Band kümmern sollte. Als Chris Novoselic und Dave Grohl eine Retrospektive-CD mit 45 Nirvana-Songs ankündigten, darunter auch zwei bislang unveröffentlichte Songs, zog sie vor Gericht, um sich die Rechte daran zu sichern. Sie löste die Firma Nirvana L.L.C. auf und verhinderte die Veröffentlichung der CD-Box, weil sie angeblich selbst ein »Greatest Hits«-Album von Nirvana vorbereitete, einigte sich aber später mit den Nirvana-Musikern. Als Geffen Records sie verklagte, weil sie laut Vertrag noch fünf Alben schuldete, ging sie in Gegenklage und startete eine regelrechte Kampagne gegen die unfairen Methoden der Plattenindustrie, die im Jahr 2000 für enormes Aufsehen sorgte. Schließlich wurde ihr Album »Celebrity Skin« im Jahr zuvor für einen Grammy nominiert. Danach machte sie wieder Schlagzeilen wegen Drogenexzessen und dem ewig fortdauernden Kampf um das Sorgerecht ihrer Tochter Frances Bean. Zum 10. Todestag von Kurt, am 5. April 2004, wurde ihr vom Vormundschaftsgericht in Los Angeles abermals das Sorgerecht entzogen und Kurts Mutter Wendy übertragen. Damit ereilt die Tochter der beiden ein ähnliches Schicksal wie das der Eltern – herumgereicht, herumgestoßen. Zu diesem Zeitpunkt erschien Courtney Loves lang angekündigten Soloalbum »America's Sweetheart« mit vielen Textanspielungen auf Kurts Tod.

Kürzlich gestand sie in der amerikanischen Late-Night-Show dem Gastgeber Jay Lenos, sie würde sich nach einem neuen Lebenspartner sehnen. »Auch Mamas brauchen Sex.« Woraufhin Tochter Frances Bean trocken meinte: »Aber Mama, du schüchterst die Männer ein.«

Bob Geldof

LIVE AID und eine zerstörte Familie

(Robert Frederick Zenon Geldof: *1954, Paula Yates: 1960–2000,
Michael Hutchence: 1960–1997)

Paula Yates und Bob Geldof

Sie waren in den 1980er-Jahren das Traumpaar der britischen Medien – die populäre Fernsehmoderatorin Paula Yates und der engagierte Rockrebell Bob Geldof. Der Sänger hatte mit seiner Band Boomtown Rats eine Reihe internationaler Hits wie »I Don't Like Mondays«, bevor er sich ein Jahrzehnt lang der Welthungerhilfe verschrieb. Der Welthit »Do They Know It's Christmas« war 1984 Auftakt seiner gigantischen Hilfsaktion »Band Aid« für Äthiopien, mit der er sich weltweit Respekt und Ansehen verschaffte. Er erhielt zahlreiche internationale Auszeichnungen und wurde für seinen unermüdlichen, humanitären Einsatz von der englischen Königin zum Ehrenritter geschlagen und sogar für den Friedensnobelpreis nominiert.

Aufgrund seiner zahlreichen Benefizverpflichtungen vernachlässigte Sir Bob seine lebenslustige Ehefrau Paula und die drei gemeinsamen Töchter. Sie wandte sich 1995 dem schillernden, australischen Rocksänger Michael Hutchence von der Band INXS zu und als sie von ihm ein Kind erwartete, ließ sie sich von Bob Geldof im Jahr darauf scheiden. Doch der Spenden-Heilige zettelte einen erbitterten Streit um das Sorgerecht für seine drei Töchter an, bei dem ihm alle Mittel recht waren. Im Gegensatz zu seinem großen Herzen für die Hungernden in Afrika zeigte der Wohltäter bei dieser privaten Krise weniger menschliche Größe und keinerlei Einsicht.

Michael Hutchence war diesem Machtkampf auf Dauer nicht gewachsen, er brachte sich kurz vor der geplanten Hochzeit mit Paula am 21. November 1997 in einem Hotelzimmer in Sydney um. Auch danach lenkte Geldof nicht ein und Paula wurde nach dem Tod ihres zukünftigen Ehemanns schwer depressiv und verfiel zusehends den Drogen und dem Alkohol. Am 17. September 2000 beging auch sie Selbstmord. Ein Jahr später wurde Geldof schließlich auch das Sorgerecht für seine nicht leibliche Tochter aus Paulas Verbindung mit Michael Hutchence zugesprochen. Nun hat er zwar sein ursprüngliches Ziel erreicht, die Kinder sind bei ihm, aber um welchen Preis? Zwei tote Elternteile, drei Halbwaisen und eine Vollwaise. Der »heilige Bob« hat seinen Heiligenschein verloren, weil er im Privatleben versagte.

»Bob« Robert Frederick Zenon Geldof wurde am 5. Oktober 1954 in Dublin, Irland, geboren. Sein Großvater, ein belgischer Koch und Unternehmer, gründete in Irland in den 20er-Jahren Nobelrestaurants und Delikatesseläden, doch seine beiden Söhne übernahmen die Firma nicht. Bobs Vater arbeitete bei seinem Bruder Sonny als Vertreter für Teppiche und Glaswaren, die Mutter war Geschäftsführerin eines Kinos. Mit den beiden älteren Schwestern Cleo und Lynn sang Bob schon früh am Radio vorwiegend Cliff-Richard-Songs mit.

1959 starb seine bildhübsche, lebenslustige Mutter mit 44 Jahren völlig überraschend an einer Gehirnblutung. Die 18-jährige Schwester Cleo übernahm die Mutterrolle und wurde auch Familienvorstand, denn Vater Geldof war beruflich ständig unterwegs. Mit 14 schloss Bob sich den Antiatomkraft-Gegnern an. Wegen einer kleinen Jugendsünde kam es zum Bruch zwischen ihm und seinem Vater und einem regelrechten Krieg mit den gestrengen, katholischen Padres seiner Schule. Er hatte von seinem Schulgeld etwas für Süßigkeiten abgezweigt und wurde von beiden brutal gezüchtigt. Ab da wurde er ein misstrauischer und schlechter Schüler und bekam Asthma: »Ich hab gelesen, dass psychosomatisches Asthma direkt herrührt von dem Wunsch nach der Mutter und als ich meine Mutter nach ihrem Tod zum ersten Mal bewusst brauchte, verschlug es mir den Atem und ich lief vor Panik blau an ...« Der Vater schickte ihn auf das angesehene und teure Blackrock College, auf dem schon er und Onkel Sonny als Schüler versagt hatten. Bob sollte die schlechten Noten der beiden wettmachen und wurde entsprechend streng behandelt. Als aufflog, dass er seine Zensuren und Zeugnisse fälschte, war der Ärger perfekt. Dieser Ärger artete in einen echten Generationskonflikt aus, als er mit 17 Jahren die Rolling Stones entdeckte, während der Vater die Beatles verehrte: »Jagger faszinierte mich«, so Bob Geldof in seiner Autobiografie »So war's«. »Plötzlich war mein großer Mund akzeptabel. Plötzlich wurde meine gammelige Erscheinung eher etwas Nacheifernswertes ...« Ab da wurde er oft aus der Schule nachhause zum Haareschneiden geschickt. Die Rockgruppen The Kinks und The

Who bestimmten seinen Kleidergeschmack und Lesen wurde seine Leidenschaft, auch schwere Kost wie Camus, Kafka, Sartre. Mit einem Freund verteilte er eine Weile für die Dubliner Abrüstungs-Kampagne Stickers und engagierte sich in Sachen Frieden, Apartheid, Religion und Rassismus.

Mit 18 Jahren verließ er die Schule ohne Abschluss und führte ein regelrechtes Wanderleben. Ein Studium blieb ihm verwehrt, er hatte keine Ambitionen, keine Ahnung, was er wollte, und schlug sich mit den unterschiedlichsten Jobs durch, vom Kellner bis zum Fotolaboranten. In England malochte er in einer Dosenerbsen-Fabrik, als Hilfsarbeiter beim Bau der M 25 London Ringstraße, als Hot-Dog-Verkäufer und LKW-Fahrer. Eine Weile hing er mit Freunden in einem alten Reihenhaus in London herum und schmuggelte sich sporadisch als Fotograf in Konzerte. Seine Fotos von The Who und Mick Jagger wurden sogar in Musikzeitschriften gedruckt. Und er machte auch Drogenerfahrungen, kiffte Haschisch und schluckte LSD, hörte aber nach einem schlechten Trip damit auf. Eine Weile arbeitete er als Englischlehrer an einer Sprachschule in Murcia im Südosten Spaniens und später im Dubliner Schlachthof als Hilfsarbeiter. Dort entstand der Songtext zu dem späteren Boomtown-Rats-Hit »Rat Trap«. Nächste Station seines Zigeunerlebens war Vancouver in Kanada, wo er sich mit seiner damaligen Freundin Daphne niederließ. Die Hippie-Zeitschrift »Georgia Stright«, von einem Buch- und Plattenladen vertrieben, wurde sein Arbeitgeber. Und bald avancierte er zum gefragten Rockkritiker für die großen Musikzeitschriften, doch die Visaprobleme zwangen ihn 1975 zur Rückkehr nach Dublin.

Dort entstand mit den ebenso perspektivlosen Freunden die erste Band, aus der bald die Boomtown Rats wurden. Gary, Johnny, Pete, Simon, Gerry und Bob wollten eigentlich alle nur raus aus Dublin, aber Irland erwies sich nicht als das große Karriere-Sprungbrett. Mit ihrem Rattenlogo, das auch auf ihren T-Shirts prangte, und obskuren Lehrfilmen, mit denen sie ihre Konzerte aufpeppten, erspielte sich die Band eine treue Fangemeinde und Journalisten-Freund Fachtna

O'Kelly wurde ihr Manager. Es waren die Anfangszeiten von Punk und britische Plattenfirmen nahmen so ziemlich jeden unter Vertrag, der eine Gitarre halten konnte und ein loses Mundwerk hatte. Und das hatte Bob Geldof schon immer. Mehrere Firmen buhlten um die Band, Virgin Records bot schwindelerregende 1 Million Pfund, aber für zehn Alben und fünf Jahre, geteilt durch sechs Bandmitglieder abzüglich aller Unkosten und der lukrativen Songrechte sah das Angebot schon nicht mehr so toll aus. Und Geldof war längst nicht so naiv wie viele Anfänger, die auf eine große Pauschalsumme reinfallen. Also pokerte Manager Fachtna auf der Musikmesse Midem in Cannes und gab Phonogram und deren neuem Label Ensign den Zuschlag. Daraufhin übersiedelte die Band nach London.

Am Weihnachtsabend 1976 tauchte im Büro ihres Dubliner Konzertveranstalters die 16-jährige, platinblonde Paula Yates auf, eine umwerfende und selbstbewusste Mischung aus Hippie und Punk. Sie machte keinen Hehl daraus, was sie von Bob wollte, der sie abends zum Konzert einlud. Danach verbrachten sie die erste gemeinsame Nacht nicht sonderlich romantisch auf dem Fußboden des Büros. Drei Sitzpolster und sein Afghanenmantel waren ihr Bett. Ab da hing sie wie eine Klette an ihm. Und obwohl Bob sein Popstarleben als Single genießen wollte, blieben sie beisammen: »Sie brachte mich zum Lachen ... außerdem war sie ein schlauer Kopf, doch ich wollte mich nie wieder verlieben.«
Paula hatte gerade ihr Abitur am St. Claire's in Oxford gemacht und stammte aus einer Künstlerfamilie. Ihre Mutter Heller Thornton (Toren), ehemals Showgirl und Schauspielerin, schrieb Erotikromane und besaß ein Schloss im County Claire. Ihr Vater Jess Yates, von allen »der Bischof« genannt, war ein anerkannter Produzent beliebter, religiöser Fernsehsendungen und 16 Jahre älter als seine Frau. Doch die Ehe wurde bald geschieden und Paula führte ab dem achten Lebensjahr mit ihrer unsteten Mutter ein Leben zwischen Malta und Mallorca. Als der Vater über eine Affaire mit einem Showgirl strauchelte, musste

er nach einer Pressekampagne von seinem Fernsehposten zurücktreten. Dabei wurde auch Paula zur Zielscheibe der Medien, die sie als »Punk-Prinzessin« und negatives Beispiel der verwahrlosten Jugend anprangerten. Dabei hasste sie Discos und Pubs, trank und rauchte nicht, und mochte vor allem nicht die Herablassung, mit der über »die Jugend« oder »Jugendkultur« gesprochen wurde. Sie hatte also bereits ihre Lektion in Sachen Medien gelernt und sich einen dicken Panzer zugelegt, als sie Bob begegnete.

Die Boomtown Rats waren in der Londoner Punk-Szene keineswegs willkommen und hatten wenig mit ihr gemeinsam. Denn nach 18 Monaten Konzerten und Songschreiben waren sie längst nicht mehr irgendwelche Drei-Akkord-Dilettanten und mussten genau aus diesem Grund eine Menge Häme der britischen Musikpresse einstecken. Zumal Iren in England von Haus aus angefeindet wurden. Für Bob war die Popmusik sowieso keine ernst zu nehmende Sache, sondern vor allem Spaß und eine Möglichkeit sich auszutoben. Er spielte mit Kreuzen und Symbolen und hatte eine große Klappe, die ihn ständig in Schwierigkeiten brachte. Doch mit der ersten Single »Lookin' After Number One«, einem melodischen Ohrwurm, landete die Band im September 1977 auf Anhieb in der Top 40, kurz darauf erschien das Debütalbum »The Boomtown Rats«. Als im Herbst die Single »Rat Trap« den Boomtown Rats die erste Nr. 1 in den britischen Charts bescherte und die LP »Tonic For The Troops« auf dem besten Wege dazu war, rief Bob Paula an, die damals allein in Oxford lebte. Sie zog zu ihm in das Haus der Band in Chessington, Surrey. Bob nach war sie ein verwöhntes Gör, konnte weder kochen noch haushalten, gab sich aber die größte Mühe. Bob meinte eines Nachts zu ihr: »Es ist nett, dich hier zu haben. Aber du weißt, dass ich keine feste Beziehung mehr will. Ich kann damit nicht umgehen.« »Natürlich«, antwortete sie, »ich verstehe.« Trotzdem machte er mit ihr Karibik-Urlaub auf Barbados und feierte sein neues Leben als Popstar.
Der Wendepunkt ihrer Beziehung kam in Paris. Die Band hatte dort

einen Auftritt. Wieder ergriff Paula die Initiative. An diesem Abend beschloss sie bei einem Dinner mit Freunden in London spontan die Abendmaschine in die französische Hauptstadt zu nehmen und lieh sich von ihnen das Geld, um Bob zu überraschen. Als Bob die Konzerthalle verließ, stand sie im schulterfreien Cocktailkleid mit Pailletten in hochhackigen, zehenfreien Schuhen im Schnee, hinter sich den Eiffelturm. Da war es um ihn geschehen.

Als Bob Geldof im Januar 1979 ein Interview in der Atlanta University gab, lief zufällig übers Fax die Meldung, dass die 16-jährige Schülerin Brenda Spencer bei einem Amoklauf zwei Lehrer getötet und neun Mitschüler verletzt hatte – ihre Erklärung: »Ich hasse Montage.« Dieser Vorfall inspirierte Bob zu dem Welthit »I Don't Like Mondays«, der in England und über 30 Ländern zur Nr. 1 wurde und auch in die amerikanischen Charts einstieg. The Boomtown Rats befanden sich auf dem Höhepunkt ihrer Karriere und Bob war fast pausenlos auf Tournee.
Paula und Bob kauften sich ein kleines Reihenhaus in Clapham im Süden Londons. Und weil sich Paula den ganzen Tag wie ein verwöhntes Starlet im Bett wälzte, schickte Bob sie auf Jobsuche, »schon deshalb, weil es unglaublich ist, wenn ein begabter Mensch so herumgammelt. Und es passt mir nicht, wenn Frauen finanziell von Männern abhängig sind, das gibt irgendwann Konflikte aufgrund des finanziellen Ungleichgewichts.« Sie arbeitete als Model, dann als »freundliche, aber freche« Klatschkolumnistin für den »Record Mirror« und schrieb für Zeitschriften wie »Cosmopolitan«. Ihre Kolumne »The Natural Blonde Column« wurde bald Kult, obwohl sie über Stars kein böses Wort verlor, ebenso ihre Fernsehsendung »The Big Breakfast«, für die sie Prominente im Bett interviewte. Sie hatte es durch ihren Vater am eigenen Leib verspürt, was es heißt, wenn die Presse das Privatleben ans Licht zerrt und meinte, die meisten Journalisten seien viel unangenehmer als die Stars. 1980 veröffentlichte sie das witzige Fotobuch »Rockstars In Their Underpants«. Sie arbeitete ungern, aber sie ging gern einkaufen und mochte Geld, so Bob, deshalb kaufte sie auch ein

T-Shirt mit dem Aufdruck: »When the going gets tough, the tough go ... shopping.«*

Als die Boomtown Rats Ende 1981 ihr viertes Album »Mondo Bongo« herausbrachten, hatte Gitarrist Gerry Cott bereits die Band verlassen, die nach zwei Platin-LPs, einer Silbernen und sieben Hitsingles ziemlich ausgebrannt war. Und Paula und Bob erlebten ihre erste Beziehungskrise. Aufgrund der vielen unterschiedlichen Aktivitäten hatten sie sich in den langen Abwesenheiten von Bob entfremdet, in denen sie praktisch ein völlig eigenständiges Leben führte. Also gönnten sie sich eine Auszeit und Bob schüttelte seinen »Höhenkoller« mit Paula während einer Zugreise von Sibirien durch die Mongolei und die Wüste Gobi nach China ab.

1983 wendete sich das Blatt sowohl beruflich als auch privat. Die Plattenumsätze der Neuveröffentlichungen der Boomtown Rats gingen zurück. Just zu diesem Moment wurde jedoch Bob Geldof von dem renommierten Filmregisseur Alan Parker für die Verfilmung des Pink-Floyd-Klassikers »The Wall« engagiert und bekam für seine Hauptrolle als Pink überschwängliche Kritiken. Paula hatte gerade als Moderatorin der neuen TV-Rockshow »The Tube« angefangen, als sie von ihrer Schwangerschaft erfuhr, und stand auch noch Monate später hochschwanger vor der Kamera. Vielleicht auch aus Trotz. Denn als ihre Schwangerschaft bekannt wurde, begann in der britischen Presse eine regelrechte und allen unerklärliche Hetzkampagne gegen Geldof und Paula. Der »Melody Maker« schrieb: »Jemand sollte Bob Geldof sagen, dass ein Geldof-Bastard mehr als genug ist.« Und »Sounds« brachte ein Foto der schwangeren Paula mit der Unterschrift: »Abtreibung des Jahres.« Die beiden Angefeindeten kauften in Canterbury eine alte Abtei und zogen um.

Am 31. März 1983 wurde Tochter Fifi Trixibelle geboren. Bob plagten nach zwei Jahren Konzertpause und dem Flop des Albums »In

---

* Wenn es hart auf hart kommt, gehen Abgebrühte einkaufen.

The Long Grass« erste Finanznöte, Steuerschulden drückten, hinzu kamen Probleme mit der Plattenfirma und der Band. In dieser Sinnkrise sah er zufällig eine BBC-Dokumentation über die Hungersnot in Äthiopien, die für sieben Jahre sein Leben komplett verändern sollte und schließlich auch zum Ende der Boomtown Rats führte. »Eine karitative Spende war mir nicht genug«, so Geldof. Er wollte eine große Öffentlichkeit für die menschliche Tragödie in Afrika schaffen und wurde zum hartnäckigen Spendeneintreiber.

Blauäugig und völlig ahnungslos startete er für einen Spendenfonds das Projekt Band Aid, das zur größten Hilfsaktion bis dato werden sollte. Ursprünglich war nur die Benefizplatte »Do They Know It's Christmas?« geplant, im November 1984 von Midge Ure (Ultravox) und ihm komponiert und mit 36 Künstlern von Annie Lennox über Sting bis Paul McCartney eingespielt. Weder Künstler noch Plattenfirma oder Plattenläden: Keiner sollte an den Einnahmen verdienen – das war in dieser Branche schon eine merkantile Leistung an sich. Die Single stand Weihnachten 1984 weltweit an der Spitze der internationalen Charts, verkaufte sich in den USA allein in drei Wochen 1,5 Millionen Mal und wurde in England mit 3 Millionen verkauften Exemplare die bestverkaufte Single aller Zeiten. Der Reingewinn für Äthiopien belief sich auf 8 Millionen Pfund.

Dank Geldofs Engagement folgte im Jahr darauf das amerikanische Platten-Pendant »We Are The World« mit einem Staraufgebot von Bob Dylan über Michael Jackson, Quincy Jones, Ray Charles bis hin zu Stevie Wonder. Band-Aid wurde zum 24-Stunden-Job für Geldof, der mit unermüdlichem Einsatz durch die Welt reiste und für sein Anliegen trommelte. Die größte logistische Leistung gelang ihm jedoch mit »Live-Aid«, einem Doppelkonzert am 13. Juli 1985, das 24 Stunden zeitversetzt zuerst im Londoner Wembley Stadium, anschließend im JFK Stadium in Philadelphia über die Bühne ging und im Fernsehen in 140 Ländern rund um den Globus ausgestrahlt wurde und 48 Millionen Pfund Spendengelder einbrachte. Auch hier galt: Keiner der Beteiligten durfte verdienen, sämtliche Kosten mussten durch

Sponsoren oder durch Eigenleistungen gedeckt werden.»Wenn es ein Problem gibt, muss man es lösen«, so Geldof damals. Zum Who is who der mitwirkenden Stars gehörte die Crème de la Crème internationaler Rockgrößen von den Queen, Beach Boys, Elton John, Santana, Tina Turner, Bruce Springsteen, Sting, Sade über Phil Collins, U 2, Simple Minds, Madonna, David Bowie, Neil Young, Harry Belafonte, Bob Dylan, Mick Jagger bis Paul McCartney, Pete Townsend von The Who und den Rolling Stones. Auch die Australier INXS mit Geldofs späterem Kontrahenten Michael Hutchence machten mit.

Für Geldof begann erst danach die eigentliche Arbeit, da er schnell merkte, dass man solche Summen nicht delegieren konnte, sondern jeden Hilfstransport selbst überwachen musste, um sicherzustellen, dass er auch da ankam, wo er benötigt wurde. Er reiste durch Äthiopien, den Westsudan, die Sahelzone und weitere Hungergebiete, traf sich mit Mutter Teresa und jedem Staatsoberhaupt, das ihn empfing. Er sprach vor dem Europaparlament und den Vereinten Nationen, wurde zum Mann des Jahres gewählt und erhielt den Ehrendoktor der Universitäten Kent, Gent und London. Wie in den USA, wo er die »Live Aid Foundation« gründete, ermutigte er in anderen Ländern die Leute zu weiteren »Aid«-Projekten, die unabhängig funktionieren sollten, um einen aufgeblasenen Verwaltungsapparat zu vermeiden. »Ich will keine Institution daraus machen«, so Geldof 1986 in seinem Bestsellerbuch »So war's«. Noch im selben Jahr schlug ihn die Queen zum Ehrenritter als Anerkennung für seinen humanitären Einsatz, der letztendlich 140 Millionen Dollar einbrachte. Ab da nannte die britische Presse Bob Geldof, der sogar 1987 für den Friedensnobelpreis nominiert wurde, nur noch liebevoll »Sir Bob«, später dann sogar »Saint Bob«, den »heiligen Bob«.»Ich bin sicher«, meinte er damals, »dass ich ununterbrochen alle enttäusche. Ganz bestimmt in England. Ich weiß nicht, wen sie eigentlich wollen – den Boomtown-Bob, den Live-Aid-Bob, den Sir Bob, den Saint Bob, den arroganten Bob, den kompletten Bob.«

Der Weg zurück in die Normalität gestaltete sich schwierig. Bob und

Paula heirateten zwar endlich im Juni 1986, aber weitere Hilfsaktivitäten wie etwa »Sports-Aid« beschäftigten Geldof auch in den kommenden Jahren und verschlangen das gesamte Privatvermögen. Und seine Solokarriere als Musiker wollte nicht so recht in Gang kommen. Sein Rockstarruhm war verblasst, viele kannten nur noch den »heiligen Bob«. Die Musik als Therapie zur Verarbeitung der erdrückenden Erlebnisse zu benutzen, gelang anfangs gar nicht. »Glücklicherweise konnte ich mit meinem ersten Soloalbum 1988 auf Tournee gehen. Danach habe ich angefangen, mich zu entspannen. Wie eine Katharsis nach all dem Kram. Ich geh jetzt einfach auf die Bühne, sag ›hello‹ und fang an«, gestand er mir zur Veröffentlichung seines zweiten Soloalbums »The Vegetarians Of Love«, das durchwegs gute Kritiken erhielt, 1990 in einem Interview für das »Zeit«-Magazin. »Manchmal«, so Geldof sarkastisch, »fragen die Leute sich: Ach ja, Live-Aid-Bob. Und der singt jetzt auch?« Obwohl viele prominente Musiker Schützenhilfe leisteten und er zum erstenmal wieder die ganze Ochsentour einer Promotionreise auf sich nahm, verkaufte sich die LP nur mäßig. Sein Dilemma bis auf den heutigen Tag war und ist: Die Leute wollen, dass der Ersatz-Heilige einen ganz anderen Job macht, dass er Hilfe für die Dritte Welt organisiert oder am besten gleich Politiker wird.

Am 17. September 1990 wurde Peaches Honeyblossom, die zweite Tochter von Paula und Bob Geldof, geboren, im Jahr darauf die dritte Tochter Pixie.

Zwei Jahre später versuchte Bob ein weiteres Comeback als Musiker mit neuer Band und dem Album »Happy Club«. Nach wie vor nahmen jedoch unzählige Benefizveranstaltungen, nicht nur gegen die Hungersnot in Afrika, seine Zeit in Anspruch. Bob war künstlerisch frustriert, Paula hingegen fühlte sich mit der ganzen Situation überfordert und extrem vernachlässigt. Zu diesem Zeitpunkt trat 1995 der australische Rocksänger Michael Hutchence von der Band INXS in ihr Leben. Dessen Karriere stagnierte damals zwar ebenfalls, aber er war ungebunden, machte ihr den Hof und wirkte auf sie wie der strahlende Ritter auf dem weißen Pferd, der kam, um sie zu retten. Paula hatte es satt, dass die Geldofs nach wie vor Tag und Nacht die Anlaufstelle für willige Spender, Veranstalter und Bettelbriefe waren. Sie wollte mit ihren Töchtern und einem Mann an ihrer Seite ein neues Leben beginnen. Hutchence war kein Kind von Traurigkeit und erinnerte sie wohl mit seiner unbekümmerten und mitreißenden Vitalität an ihren Bob, so wie er früher war.

Der kosmopolitische Michael Hutchence wurde am 22. Januar 1960 in Sydney, Australien, geboren, wuchs vorwiegend in Hongkong auf, bis seine Familie nach Australien, übersiedelte. Mit seiner Band INXS – ein Wortspiel aus »in excess« (= übermäßig) und »inaccessable« (= unerreichbar) – wurde er nach Veröffentlichung des dritten Albums »Shabooh Shoobah« zum heimischen Superstar. Nach einer Reihe von discotauglichen Mainstream-Rockhits – auch kleineren in den Staaten – gelang der Band 1987 mit dem knackigen Album »Kick« der sensationelle, weltweite Durchbruch mit nicht weniger als vier Top-10-Hits in den USA: »Need You Tonight«, »Devil Inside«, »New Sensation« und »Never Tear Us Apart«. Bei der ersten großen Welttournee 1991, mit der sie alle Rekorde brachen, kamen allein zum Kölner Konzert 90.000 Besucher. »Jetzt stehe ich nun mal auf der Bühne und verdiene meinen Lebensunterhalt als Sänger – doch ich könnte ebenso gut unten im Publikum stehen«, so Michael damals, und »ich finde es toll, berühmt zu sein. Es ist wie bei Papa Freud – ich fühle mich geliebt und begehrt und anerkannt. Das würde jeder toll finden, oder etwa nicht?«
Bis er Paula kennen lernte, führte er auch nach den Tourneen ein Nomadenleben zwischen Hongkong, Los Angeles und Frankreich. Er mied zwar den Jetset, war aber ein notorischer Nachtschwärmer und Partygänger. »Es macht mir großen Spaß, durch die Clubs zu ziehen. Ich mische mich unters Volk.« Der charismatische Sänger war mit der australischen Popsängerin Kylie Minogue und dem Supermodel Helena Christensen liiert, wurde oft mit Mick Jagger verglichen, von den Musikmedien zum ultimativen Herzensbrecher erklärt und trat auch

in dem australischen Rockfilm »Dogs in Space« auf. Danach begann die Karriere von INXS zu stagnieren.

Paula zuliebe gab er sein wildes Leben auf und zog nach London, wo sie ein Haus in Chelsea mieteten. Als sie von ihm schwanger wurde, reichte sie die Scheidung von Geldof ein, die im Mai 1996 stattfand. Am 22. Juli 1996 wurde die Tochter von Michael Hutchence und Paula Yates Geldof geboren, Heavenly Hiraani Tiger Lily, und Michael gestand: »Mit ihr habe ich endlich mein Glück gefunden.« Allerdings war nach der Scheidung ein erbitterter Kampf um das Sorgerecht der drei Geldof-Kinder entbrannt, bei dem Bob keinen Millimeter nachgab. Vermutlich spielte dabei auch eine gehörige Portion verletzter Eitelkeit eine Rolle. Wenn Paulas Auserwählter nicht ausgerechnet ein Rockstar mit Sexappeal gewesen wäre, wäre die Angelegenheit vielleicht humaner verlaufen. So aber artete das Ganze zu einem Rosenkrieg aus. Obwohl Michael und Paula Heiratsabsichten äußerten, fand Geldof die beiden nicht geeignet, vier Kinder großzuziehen. Das Gericht wiederum sah in ihm, der aufgrund seiner Musiker- und Benefizprojekte praktisch ständig unterwegs war, auch nicht den geeigneten allein erziehenden Vater. Zu allem Überfluss erfuhr Paula im Mai desselben Jahres, dass nicht Jess Yates ihr leiblicher Vater war, sondern Hughie Green, Moderator der populären Fernsehsendung »Opportunity Knocks«, was er anhand eines DNA-Tests bewies.
Warum er dieses Eingeständnis ausgerechnet zu diesem Zeitpunkt machte, weiß keiner. Manche vermuteten, Geldof hätte seine Hände im Spiel gehabt, um seine Ex-Frau noch mehr zu diskreditieren. Die Situation zehrte an den Nerven aller Beteiligten. Am meisten aber litt der äußerst sensible Michael darunter, dass Bob Geldof nicht nachgab. Er bereitete 1997 sein Comeback mit INXS vor, das neue Album »Elegantly Wasted« sollte auf einer großen Tournee zum 20. Jubiläum der Band präsentiert werden. Und die Heirat mit Paula war für Anfang 1998 geplant, obwohl inzwischen seine Eltern gegen diese Verbindung waren.

Zum ungünstigsten Moment wurden bei einer Polizei-Razzia im Londoner Domizil von Paula und Michael, die währenddessen in Australien weilten, Drogen gefunden. Beide beteuerten ihre Unschuld und vermuteten, ihre Untermieter hätten sie eingeschmuggelt. Es wurde Anklage erhoben.

Den Abend und die Nacht vom 21. November 1997 verbrachte Michael Hutchence in seinem Hotelzimmer im Ritz-Carlton in Sydney mit zwei engen Freunden, der Schauspielerin Kim Wilson und ihrem Freund Andrew Rayment. Sie hätten bis fast um 5 Uhr Morgen vor allem über das schwebende Drogenverfahren und den anhaltenden Rechtsstreit mit Bob Geldof gesprochen, so die beiden später. Der Sänger hätte sehr deprimiert und hoffnungslos gewirkt und eine Menge getrunken. Als er tags darauf nicht zu den Proben für die bevorstehende Tournee erschien, wurde das Hotel alarmiert. Ein Zimmermädchen entdeckte seine Leiche, die am Türscharnier hing. Er hatte sich mit seinem Ledergürtel selbst erdrosselt.

Der etwas rätselhafte Selbstmord führte zu den wüstesten Spekulationen in der Sensationspresse, auch weil der 37-jährige Sänger keinen Abschiedsbrief hinterlassen hatte. Polizei und Hotelpersonal zufolge wurden im Zimmer unzählige Bier- und Champagnerflaschen sowie Drogenutensilien gefunden, die Betten seien zerwühlt gewesen. Der wenig vertrauenswürdigen Quelle des »Daily Mirror« nach hatte Michael noch eine Sex-Nacht mit Schauspielerin Kim Wilson verbracht, die danach angeblich abtauchte. Während in den Medien aberwitzige Gerüchte über einen »Unfall« bei perversen Sado-Maso-Spielchen kursierten, bei denen Michael sich selbst stranguliert hätte, ging die Polizei definitiv von einem Selbstmord aus. Sie erklärte die Sexspielchen-Theorie für Unfug. »Ausgeschlossen«, meinte ein Gerichtssprecher nach Abschluss der Untersuchungen im Februar 1998. Der Musiker habe vor seinem Freitod große Mengen von Wodka und Champagner getrunken, außerdem Kokain geschnupft. »Er war wegen Paulas Sorgerechtsstreit mit ihrem Ex-Mann völlig verzweifelt«, so die Justizbehörde.

Paula Yates bereitete die Beerdigung vor, die am 27. November 1997 in Sydney wegen Hutchences unglaublicher Popularität fast einem Staatsbegräbnis glich. Die ehrwürdige St. Andrews Cathedral war mit Rosen geschmückt, über 1000 Fans und Stars aus der Rockszene, darunter Kylie Minogue, der Sänger Tom Jones, die australischen Bands Midnight Oil und Crowded House, erwiesen dem Star zu den Klängen seines Hits »By My Side« die letzte Ehre. Sänger Nick Cave sang ein Abschiedslied. Paula Yates trug nicht, wie ursprünglich angekündigt, ihr Hochzeitskleid, das sie schwarz einfärben ließ, sondern ein schlichtes schwarzes Kleid, das 16 Monate alte Töchterchen Heavenly Hiraani Tiger Lily auf dem Arm. Für sie lag auf dem Sarg symbolisch eine einzige orangefarbene Tigerlilie inmitten blauer Iris.

Später beschuldigte Paula Yates ihren Ex-Ehemann, Michael Hutchence in den Tod getrieben zu haben. Der wiederum wollte sie gar für unzurechnungsfähig erklären lassen, als sie etliche Zeit nach Michaels Tod einen Nervenzusammenbruch erlitt. Als man Paula Yates 1998 über ihre künftigen Pläne befragte, meinte sie: »Ein weiteres Jahr am Leben bleiben.« Eine Weile sah man sie an der Seite des »Riverdance«-Stars Michael Flatley, danach begannen offenbar ihre Probleme mit Alkohol und Drogen, die sie mit einem Aufenthalt in einer Entzugsklinik bekämpfte.

Währenddessen führte Bob Geldof seine Kampagne gegen den Hunger in der Dritten Welt weiter. Im Oktober 1999 nahm er für »NetAid« an drei Arena-Konzerten in New York, London und Genf neben Künstlern wie Wyclef Jean, Bono, Bryan Ferry, Jimmy Page, Stereophonics und Sean »Puffy« teil. Paula war sehr enttäuscht, als sie im Mai 2000 erfuhr, dass der Prozess um Michael Hutchences Testament außergerichtlich beigelegt wurde, ohne sie mit einzubeziehen. Ihr wurden 400.000 Pfund zugesprochen, Tochter Tiger Lily sollte zu ihrer Volljährigkeit 2 Millionen Pfund erben. Paula bestand darauf, dass auch ihr Anteil der Tochter zugute kommen sollte.

Kurz darauf machte sie ganz andere Schlagzeilen, nachdem sie zwei Straßenräuber in die Flucht schlug, die ihre beste Freundin Belinda

Brewin mit einem Messer bedrohten und ihr eine teure Cartier-Armbanduhr rauben wollten. Als sie am 25. Juli an der Seite ihres Ex-Ehemanns Bob Geldof zum Sporttag in der Schule ihrer Töchter Peaches und Pixie mit der kleinen Tiger Lily erschien, sahen viele darin eine Annäherung des zerstrittenen Paares und hofften auf ein Happyend.

Im August 2000 kündigte Michael Hutchences Familie das Buch »Just A Man – The Real Michael Hutchence« an und Paula erklärte, sie würde Klage einreichen, falls es irgendwelche diffamierenden Aussagen über sie enthalten sollte. Ein enger Vertrauter von Paula meinte: »Es ist ziemlich unwahrscheinlich, dass sie darin gut wegkommt, aber sie wird vor einem Prozess nicht zurückschrecken.«

Doch offenbar hatte sie längst nicht mehr die Kraft zum Weiterkämpfen. Am Vormittag des 17. September 2000 wurde die 40-Jährige von ihrem Töchterchen Tiger Lily tot im Schlafzimmer ihres Hauses in St Luke's Mews aufgefunden. Im Polizeibericht hieß es, dass sie an einem Cocktail aus Alkohol und Drogen gestorben sei und es sich um einen Selbstmord aufgrund schwerer Depressionen handeln würde. »Es gibt keinerlei Anzeichen von Gewalteinwirkung oder Ähnlichem.«

Ende des Jahres wurde Paula Yates' Haus mitsamt der Einrichtung für 595.000 Pfund verkauft. Zu der gehörten auch ihr Bett und die wandgroßen Fotos ihrer Töchter und Michael Hutchence. Ihre Freundin Belinda Brewin dazu: »Das Geld fließt in einen Fonds, den Paula in ihrem Testament festgelegt hat, und soll zwischen ihren Töchtern aufgeteilt werden«, die damals bereits alle bei Bob Geldof lebten. Doch das Schicksal von Tiger Lily war längst nicht geklärt, auch hier ging ein gerichtliches Gezerre um ihren Verbleib los, da Geldof nach dem Tod seiner Ex-Frau nur vorübergehend das Sorgerecht zugesprochen wurde. Zudem hatte Paula in ihrem Testament den ausdrücklichen Wunsch geäußert, ihre Tochter sollte keinesfalls bei Michael Hutchences Eltern aufwachsen, die ihr die Schuld am Tod des Sohnes vorwarfen.

Eine Halbschwester von Michael Hutchence, Tiger Lilys Tante Tina

Shorr aus Burbank in Kalifornien, versuchte bei Gericht das Sorgerecht für das Mädchen einzuklagen. Mitte Dezember 2000 erhielt Bob
Geldof nach einer Anhörung bei Gericht jedoch das endgültige Sorgerecht für seine nicht leibliche Tochter Tiger Lily. Der 69-jährige, inzwischen offenbar einsichtig gewordene Vater von Michael Hutchence,
begrüßte die Entscheidung mit den Worten: »Das freut uns sehr. Unserer Meinung nach sollte sie mit ihren Schwestern aufwachsen. Bob
ist sehr froh darüber und hält das für die beste Lösung. Und wir auch,
denn für Tiger ist es so am besten. Und das kleine Mädchen wird wohl
am glücklichsten darüber sein. Sie bleibt bei ihren Schwestern und
hat darüber hinaus noch eine weitere, wunderbare Familie.«
Im Jahr darauf setzte ein australisches Gericht Heavenly Hiraani Tiger
Lily als Alleinerbin von Michaels Hinterlassenschaft ein, die sich auf
über 25 Millionen Dollar beläuft. Damit kann sie leicht verschmerzen,
dass sie seitens ihrer Mutter Paula im Vergleich dazu ein Butterbrot
erbte. Paula Yates hatte zwar als Fernsehmoderatorin und Model ein
Vermögen verdient und 800.000 Pfund hinterlassen, die jedoch nach
Abzug aller Schulden auf 13.956 Pfund geschrumpft waren.

Zu diesem Zeitpunkt gab Courtney Love, die Witwe von Kurt Cobain,
bekannt, sie würde an einem Filmprojekt über Paula Yates' Leben
arbeiten und das Drehbuch selber schreiben. Die selbst ernannte Ex-
pertin in Sachen Selbstmord, Tragödien und Familiendramen erklärte:
»Ich bin absolut dazu geboren, Paula Yates zu verkörpern. Das ist die
Rolle meines Lebens und ich verspreche, dass ich Paula Gerechtigkeit
widerfahren lasse.« Doch Mrs. Love kämpft seit geraumer Zeit selbst
mit privaten Problemen. Der heilige Bob, durch den Freitod seiner
Ex-Frau und deren Lebensgefährten Michael Hutchence vom Paulus
zum Saulus geworden, hat sich als allein erziehender Vater von drei
Halbwaisen und einer Vollwaise eine persönliche Verantwortung auf-
geladen, die sich offenbar nicht mehr mit einer Karriere als Musiker
vereinbaren lässt. Sein letztes Album »Sex, Age & Death« wurde von
der Kritik regelrecht verrissen, die geplante Tournee mehrmals wegen

Krankheit abgesagt. Zum Vorwurf der Kritiker, er habe mit einer Mischung aus Sarkasmus und Selbstmitleid die unglückliche Beziehung zu Paula Yates verarbeitet, meinte er resigniert: »In musikalischer Hinsicht konnte ich nur erschöpft und ausgemergelt klingen, denn genau das war die Stimmung, in der ich mich befand.« So das desillusionierte Eingeständnis eines heldenhaften Weltverbesserers, der 1986 optimistisch erklärte: »Ich finde es interessant, mich selbst auf die Probe zu stellen, solange ich anderen dadurch keinen Schaden zufüge.«

Milli Vanilli

Superstars für zwei Jahre

(Robert Pilatus: 1964–1998, Fabrice Morvan: *1966)

Fabrice Morvan und Robert Pilatus

Girl, you know … you know … you know …«: Das Playbackband Thing, und die Jungs von Milli Vanilli wären am liebsten im Boden versunken. Und doch war dieser 9. Juli 1989 in Bristol, Connecticut, erstaunlicherweise nicht das Ende ihrer märchenhaften Weltkarriere. Das wurde erst 16 Monate später auf einer Pressekonferenz offiziell besiegelt, als Robert Pilatus und Fabrice Morvan ihren Grammy zurückgaben.

Im Türkischen bedeutet Milli Vanilli »positive Energie«, doch für die beiden Tänzer und »Gesangsmimen« Pilatus und Morvan verkehrte sie sich ins Gegenteil. Als man sie nach zwei Jahren internationalem Höhenflug mit einem Grammy adelte – einer Ehre, die nur wenigen deutschen Künstlern bislang zuteil wurde –, war es längst ein offenes Geheimnis, dass nicht sie auf den Platten gesungen hatten. So währte die Freude auch nicht lange. Produzent und Mentor Frank Farian ließ die von ihm kreierten »stimmlosen Marionetten« auffliegen, als sie gegen ihn rebellierten, und gab sie der Lächerlichkeit preis. Es gab keine Gnade und keiner hatte Mitleid. Nach dem bislang größten Skandal der Popgeschichte hatten die beiden schwarzen Schönheiten keine Chance mehr auf Rehabilitation. Und das in einer Branche, in der seit jeher technisch mit allen Mitteln getrickst wird, um Illusionen gewinnbringend zu vermarkten. Doch hier traf der Spruch, der Mohr hat seine Schuldigkeit getan und kann gehen, wortwörtlich zu.

Den tiefen Fall überlebte nur Fabrice. Robert Pilatus zerstörte sich mit Drogen und starb daran am 3. April 1998. Das Reißbrett-Duo steht als warnendes Beispiel, wenn man die jüngsten Entwicklungen auf dem Musikmarkt verfolgt. Casting-Shows im Fernsehen wie »Deutschland sucht den Superstar« ziehen Massen naiver Teenies an, deren Traum vom Popstar gnadenlos vermarktet wird. Talent ist zweitrangig, es geht um einen visuellen Marktwert, um das schnelle Geschäft mit Gefühlen und Hoffnungen. Erwachsenwerden und künstlerische Emanzipation sind praktisch ausgeschlossen. Vermutlich wird das Ex-und-hopp-Geschäft noch weitere Opfer fordern, zu groß ist die Sehnsucht nach Glamour und schnellem Ruhm. Auch wenn das böse enden kann.

Robert Pilatus wurde am 8. Juni 1964 in München geboren. Seine deutsche Mutter war angeblich Stripperin, sein Vater ein US-Soldat. Mit drei Jahren wurde der Mischlingsjunge von der Familie Pilatus als zweites Kind adoptiert. Der Münchner Diplomingenieur Hans, auch aktives SPD-Mitglied, und seine Frau Antonie hatten bereits die zwei Jahre ältere Carmen aus dem Waisenhaus geholt. »Wir haben uns auf Anhieb verstanden. Mit dem konnte man toll spielen, der war unheimlich flink und sportlich«, so Carmen, die zur Beschützerin des ängstlichen Jungen wurde. Die Eltern waren sehr streng, übermäßig sparsam, wenn auch in anderen Dingen »wie Aussehen oder Interessen ausgesprochen tolerant«. In der Volksschule wurde Robert wegen seiner Hautfarbe oft zum Opfer übler Streiche, »sie haben ihn in den Papierkorb gesteckt«.

Das ehemalige Heimkind war angepasst, ordentlich und schmächtig. Doch dann entdeckte er seine große Leidenschaft für Sport, vor allem Fußball. Bereits mit zehn Jahren bolzte er mit Freunden wie Georgio Seybold auf dem Rasen und ließ dank seiner Kondition bald jeden Läufer hinter sich. In der Pubertät blühte er auf, war zwar nach wie vor schüchtern, wenn es um Mädchen ging, aber »wahnsinnig sportlich, beweglich und kräftig«, so Carmen. Robert träumte von einer Profikarriere, »doch ein Fußballverein kam für unseren Vater nicht in Frage, das kostete Geld«. Nach Abschluss der Realschule lernte Robert bei »Hettlage« Einzelhandelskaufmann und arbeitete dort in der Herrenabteilung.

Roberts Kumpel Georgio machte damals schon eine Tanzausbildung und fuhr auf die neueste US-Mode ab – Breakdance. Im Juni 1983 engagierte ihn sein Bruder Michael Bentele, damals Regisseur der ersten Videosendung in deutschen Fernsehen, »Formel Eins« auf ARD, als Hintergrundtänzer für den Auftritt der US-Rapper Grandmaster Flash And The Furious Five. Robert sah die Sendung und bat Georgio: »Kannst du mir das auch beibringen?«

Sonntagnachmittags durften sie in der Münchner Tanzschule Neubeck trainieren. »Robert hat oben in seinem Zimmer auf einer PVC-Matte

Breakdance geübt, da haben bei unseren Eltern unten die Lampen gewackelt. Aber sie haben ihn immer machen lassen. Solange das kein Geld kostete und er die Schule nicht vernachlässigte«, so Carmen. »Wir bauten unsere Musikanlage auf dem Münchner Marienplatz auf«, erinnert sich Georgio, »und rollten den Tanzboden aus.« Für eine Breakdance-Veranstaltung im Pasinger Rollpalast traten sie als die »First Munich Rap Crew« auf. »Robert nannte sich Sugar Break, ›Sugar‹ in Anlehnung an große Boxer, ich war Hot Legs, weil ich ziemlich verrückte Dinge mit meinen Beinen machte. Robert hat später in der Gruppe diese Hebungen gemacht.« Die Gruppe aus sechs Breakdancern nannte sich »Bionic Dance Crew«, stieg schnell zur Sensation auf, wurde Münchner, dann bayerischer Meister und Gewinner der deutschen »Bravo«-Meisterschaften in der Dortmunder Westfalen-Halle vor 10.000 Zuschauern. Bei den Weltmeisterschaften in New York schafften sie immerhin Platz 4, und sogar das »Heute Journal« des ZDF berichtete darüber. Sie machten auf der Sportmesse »Ispo« Werbung für »Puma«, waren groß im Geschäft und verdienten für ihr Alter und ihre Verhältnisse sehr viel Geld.

»Robert war unkompliziert, ehrgeizig, wir haben uns gut ergänzt. Ich kümmerte mich um die Geschäfte, er hat die Gruppe angespornt und zusammengehalten«, so Georgio. »Am Schluss haben wir 1500 DM pro Woche verdient! Und das mit 17, 18 Jahren, da stehst du deinen Freunden gegenüber schon fett da. Robert konnte mit Geld nicht gut umgehen und hat es rausgehauen, für Klamotten, seine Rastalocken, für Firlefanz.« Auch Schwester Carmen bestätigt das, meint aber, er wollte als Schwarzer etwas darstellen, weil es ihm am nötigen Selbstbewusstsein mangelte und zuhause so gespart wurde. »Unser Vater wollte immer, dass er etwas für später anlegt. Aber er hat es mit vollen Händen ausgegeben, für Prestigedinge, um sich aufzuwerten.«

Frank Farian, deutscher Hitproduzent von Gruppen wie Boney M. und Far Corporation, und ehemaliger Schlagersänger (»Rocky«) entdeckte Robert Pilatus in der Münchner In-Diskothek »Eastside«, als er dort seine Breakdance-Nummern abzog. Die meisten von Farians exotisch aussehenden Künstler stammten aus der Diskotheken-Szene und mimten auf der Bühne nur die Sänger. Farian engagierte Robert für seine so genannte »Zapatak-Truppe«, die aus ca. 25 Leuten bestand und zu seiner Partymusik tanzte. Roberts Aufgabe war damals, so Georgio, »im ledernen Lendenschurz als weißgepuderter Neger mit einer überdimensionalen Afrikamaske aufzutreten, die wie ein Kürbis über seinen Kopf gestülpt war«, was schon etwas entwürdigend klingt. Ab da sei Robert dem Popstar-Virus erlegen, obwohl er mit Gesang bislang gar nichts am Hut hatte, aber für das, »was heutige Rap-Gruppen von sich geben, hätte es allemal gereicht«.

Zu Roberts Clique war inzwischen ein weiterer, dunkelhäutiger Tänzer aus Paris gestoßen. Fabrice Morvan, 1966 auf Guadeloupe geboren, war Sohn eines Pariser Architekten und verdiente sein Geld als Tanzlehrer in Jazzstudios. Die beiden verstanden sich gut und zogen nächtelang durch die Clubs, die Diskothek »P 1« wurde praktisch ihr zweites Zuhause. Irgendwann hing der Haussegen schief und Robert zog in ein kleines Apartment im Olympiadorf. »Meine Eltern hatten immer Angst um ihn, wenn er so spät nachhause kam«, so Carmen. Fabrice Morvan: »Wir wohnten quasi im ›P 1‹, wir waren so eine Art Maskottchen und tanzten auf den Lautsprecherboxen. Im ›P 1‹ haben wir geübt, berühmt zu sein, bevor wir es tatsächlich wurden.« Dort sah sie Ralph Siegel und engagierte Robert Pilatus für den Auftritt seiner Gruppe Wind 1987 beim Grand Prix d'Eurovision in Brüssel, die mit »Lass die Sonne in dein Herz« den 2. Platz machten. Auch hier mimte Robert nur den hübschen Gitarristen. Dann nahm Siegel Robert, Fabrice sowie Sängerin und Tänzerin Jasmin – die spätere Ehefrau von Georgio – für das Bandprojekt Empire Bizarre unter Vertrag. Sie machten viele schöne Fotos und eine Single, die nicht zünden wollte.

Zu diesem Zeitpunkt bot Frank Farian den beiden Jungs an, bei seinem Projekt Milli Vanilli einzusteigen. Das Konzept stand bereits, auch die ersten Songs, eingesungen von den Studiosängern Charles Shaw, Johnny Davis und Brad Howell. Georgio nach ging es ausschließlich darum, zwei attraktive, junge Tänzer als Galionsfiguren zu finden, die Milli Vanilli auf Plattencovers, Fotos, bei Bühnen- und Videoauftritten verkörpern konnten.

1988 unterschrieben sie ohne juristischen Rat blauäugig den Vertrag für einen Vorschuss von umgerechnet rd. 1000 Euro, so Carsten Heyn, damals Manager der beiden. »Die Firma verpflichtet sich in jedem Vertragsjahr mindestens 10 Titel mit Darbietungen des Künstlers aufzunehmen«, lautete eine Klausel, und eine andere »die Firma entscheidet darüber, ob die Aufnahmen veröffentlicht werden«. Die vage Formulierung »Darbietungen« ist vielseitig interpretierbar und bedeutet nicht automatisch »Gesang«. Sie wurden über die Abmachung zum absoluten Stillschweigen verpflichtet, was nahe legt, dass sie laut Vertrag nicht selber singen durften. Georgio: »Robert war kein Träumer, er wusste genau, was er per Vertrag durfte und was nicht.« Da sie an den Plattenaufnahmen nicht mitwirkten, waren sie auch nicht an deren Einnahmen beteiligt. Die Studiosänger wurden einmalig abgegolten, die Gage von Robert und Fabrice richtete sich nach ihren Darstellerpflichten und brachte mit zunehmendem Erfolg beachtliche Summen ein.

Es war nicht der erste Bluff in dieser Branche. Es gibt genügend Beispiele, dass nicht nur Vorzeigesänger von Profis im Studio gedoubelt wurden, sondern auch Instrumentalisten bei Instrumentalcombos und Bubble-Gum-Gruppen der 50er- und 60er-Jahre ebenso wie bei Discogruppen à la Black Box und C+C Music Factory.

Milli Vanilli stolperten über den gigantischen Erfolg, den sie einem geschickten Image und Marketing verdankten. Die sportlich-muskulösen Jungs mit den wilden Rastalocken, den hautengen, sexy Radlerhosen oder Leggins zu bauchfreien Tops waren bei vollem Körpereinsatz ein echter Hingucker und schmückten jedes Hochglanzmagazin. Playbackgesang zu professionellen Tänzern war auch

in der Disco- und Clubszene längst gängige Praxis, in der Robert und
Fabrice drei Monate lang mit der Single »Girl You Know It's True« tin-
gelten. Robert in der US-Fernsehdokumentation »Behind The Music«:
»Wir haben doch nie gedacht, dass wir mal internationale Hitstars mit
einem Grammy werden ...« Roberts Schwester Carmen wunderte sich
zwar, dass auf dem Single-Cover nicht »Vocals by Robert & Fabrice«
stand, »aber die Stimme des Sängers, der ihn bei Milli Vanilli verkörperte, war seiner wahnsinnig ähnlich. Aber Fabrice? Da war sein starker, französischer Akzent ... der durfte bei Interviews ja nicht einmal
den Mund aufmachen, damit es nicht rauskam. Robert wollte das mir
gegenüber sicher nicht eingestehen, denn endlich hatte er mal was
Tolles geschafft.« Sie erinnert sich noch, wie er der Mutter versprach:
»Mama, irgendwann werde ich Millionär. Dann hol' ich euch mit einer
großen Limousine ab. Und das hat er irgendwann mal auch gemacht.«
Die Single und das erste Album eroberten die europäischen Charts
und die beiden konnten nicht mehr aussteigen. Auf Wunsch von
Farian siedelte das Duo nach London über, um sich internationalen
Flair zu geben, und entfernte sich allmählich von den alten Freunden.
»Sie haben sich von diesem ganzen Starrummel einfangen lassen«, so
Georgio, »oft blieb man am Telefon bei irgendeinem aus dem Hofstaat
hängen.« Bei der Familie meldete sich Robert jedoch regelmäßig. »Es
war ihm sehr wichtig, dass wir nichts verpassten. Er wirkte wesentlich
selbstbewusster und meinte, endlich sind auch Schwarze cool.« Wenn
er Termine in München hatte, kam er zuhause zum Essen vorbei. Carmen glaubt, sie hätten schon in London Drogen genommen, und einmal gestand er ihr auch, dass er kokst.
Anfang 1989 wurde das Album »Girl You Know It's True« in den USA
veröffentlicht, die gleichnamige Single stieg auf Platz 2 der US-
Charts, die drei Folgesingles »Baby Don't Forget My Number«, »Girl
I'm Gonna Miss You« und »Blame It On The Rain« wurden allesamt zur
US-Nr. 1. »Girl You Know It's True« verkaufte sich allein in den USA
sieben Millionen Mal, weltweit waren es an die 30 Millionen Singles.
Robert und Fabrice genossen ihr Superstarleben in Los Angeles, wo

sie inzwischen wohnten, und protzten im Fernsehen, dass sie im Monat 60.000 Dollar ausgeben würden.

Aber das Leben im goldenen Käfig forderte allmählich seinen Tribut. Als der Erfolg Dimensionen annahm, mit denen keiner gerechnet hatte, wurde die Lüge zur enormen seelischen Belastung für die beiden. Sie hatten ständig Angst, als Hochstapler entlarvt zu werden, und zwischen Robert, der sich nicht mehr unterordnen wollte, und Farian kam es zunehmend zu Machtkämpfen. Zu einem großen Open-Air-Auftritt in Los Angeles ließ Robert seine Schwester einfliegen. Damals hätte das Duo in einem hübschen Häuschen gewohnt, das einst Clark Gable gehörte, und reichlich Drogen konsumiert. Carmen fiel auf, dass sie mit Playback auftraten. »Ich saß ganz vorne und bei einem Lied hat er mich in den Arm genommen, da merkte ich es. Aber ich wollte ihm das nicht nehmen, vielleicht wollte er es auch selber glauben.«

Bei der »Club-MTV-Tour« traten sie im Sommer neben Tone Loc, Was Not Was und Paula Abdul vor hunderttausenden kreischenden Fans auf. Keith Yon, Bassist ihrer Liveband, meinte, sie wären zwar nicht zu Gesangsproben erschienen, hätten aber täglich ein hartes, diszipliniertes Tanztraining absolviert und schwer gearbeitet.

Der 9. Juli 1989 wurde ein schwarzer Tag für sie. Als sie in Bristol, Connecticut, vor rund 80.000 Zuschauern auftraten, passierte das, womit keiner gerechnet hatte: Das Playbackband von »Girl You Know It's True« blieb hängen. »Da wollte ich nur noch aussteigen, nur noch weg«, so Robert. Erstaunlicherweise hielten die Fans zu ihnen, obwohl sie in allen amerikanischen Fernsehshows durch den Kakao gezogen wurden und plötzlich als Lachnummer der Popwelt dastanden. »Aber es war ein Schock, wir dachten, jetzt kommt es raus! Ich fühlte mich wie im Gefängnis und flüchtete mich in Drogen«, so Fabrice.

Trotzdem bereisten Milli Vanilli die ganze Welt von Neuseeland bis Afrika. Im Dezember 1989 kletterte die fünfte Single »All Or Nothing« die US-Charts hoch, als Rapper Charles Shaw einem New Yorker Reporter gestand, Pilatus und Morvan hätten auf ihren Platten keinen einzigen Ton selbst gesungen. Farian dementierte Shaws Aussage mit der Erklärung, das Ganze sei nur ein PR-Gag für Shaws Soloalbum gewesen. Obwohl Gerüchte über die getürkten Platten nicht verstummten, wurden Milli Vanilli für einen Grammy nominiert, den sie im Februar 1990 als »beste Newcomer« entgegennahmen. Diese Kategorie impliziert weder große Gesangskünste noch musikalische Leistungen. Branchen-Insidern nach wusste auch das Grammy-Komitee längst Bescheid. »Wir wollten ihn nicht gewinnen«, so Pilatus, »wir wussten, dann ist alles vorbei.«

Frank Farian, der später erklärte, »ich wäre am liebsten unter dem Tisch verschwunden, das machte mich nicht glücklich«, hatte zu diesem Zeitpunkt offenbar kein schlechtes Gewissen. Sein öffentliches Bekenntnis neun Monate später war ein strategischer Schachzug, um seinen Ruf zu retten und hing wohl mit anderen Dingen zusammen. Nach der Grammy-Verleihung bestanden Robert und Fabrice darauf, auf der nächsten LP selbst zu singen, »und sei es nur im Chor als Rapper«, so Georgio. Es ging nicht nur um die Selbstachtung des Duos, es ging auch um sehr viel Geld.

Pilatus und Morvan wollten an den Platten mitwirken, um an künftigen Plattenverkäufen beteiligt zu werden. Bis zur Grammy-Verleihung hatte sich das Album 10 Millionen Mal verkauft, inzwischen beziffern sich die Plattenverkäufe auf etwa 62 Millionen. Sie nahmen sich den renommierten Staranwalt Axel Meyer-Wölden, der bei Gericht forderte: »Wir werden es nicht dulden, dass es ohne Mitwirkung der beiden zu einer Veröffentlichung kommt.« Doch das Gericht kam zu dem einfachen Schluss, Milli Vanilli seien vertraglich zum Schweigen verpflichtet – und zwar in zweifacher Hinsicht: Schweigen auf den Platten, Schweigen in der Öffentlichkeit darüber, dass sie nicht selber singen.

Als ein Videodreh anstand, ließen sie die Muskeln spielen. Robert versuchte Farian unter Druck zu setzen. »Entweder wir singen in Zukunft oder wir lassen den Dreh platzen.« Fabrice später dazu: »Wir wollten damit klar machen, wir müssen singen!« Doch sie hatten ihre Macht überschätzt. Georgio: »Robert fühlte sich damals durch den Grammy in einer sicheren Position als Aushängeschild. Doch Farian ist einer, der seine Leute notfalls austauscht.«

Am 14. November 1990 ließ Frank Farian mit den Worten: »Ich kann mit dieser Lüge nicht noch fünf Jahre leben und bin froh, dass es vorbei ist ... ich schulde ihnen nichts, sie haben Millionen verdient«, die Bombe platzen und die beiden ahnungslos ins offene Messer laufen. Farians Presseerklärung war ohne Sympathie für seine ehemaligen »Dance-Pin-ups«: »Ich habe noch nie so schlechte Sänger gehört. Sie wollten singen. Sie wollten Songs schreiben. Es ist aber nie geschehen. Sie waren bis 4 Uhr morgens in Diskotheken und schliefen den ganzen Tag. Wer wurde betrogen?« Er rechtfertigte seine Vorgehensweise mit dem Hinweis auf Künstler wie Village People und The Monkees und meinte: »Alle machen das schon seit 25 Jahren.« Doch der größte Skandal der Popgeschichte war perfekt.

Roberts schwer krebskranker Vater starb genau in jenen Tagen und Rob reiste zwischen seiner Familie in München, einem Auftritt bei Gottschalks »Wetten dass ...?« und Los Angeles hin und her. Deshalb stellte sich das Duo auch erst am 20. November in einer turbulenten Pressekonferenz der Öffentlichkeit und brach sein langes Schweigen. »Du bekommst etwas, aber dafür schließt du den Pakt mit dem Teufel«, erklärte Robert der anwesenden Presse. Sie spielten ein Video ein, auf dem sie den Song »Girl You Know It's True« in einem Studio eindeutig selber sangen. »Sie wollten uns hängen sehen«, so Fabrice später.

Tatsächlich glich das Ganze einem Gerichtstribunal. 24 Stunden rund um die Uhr flimmerten die Bilder über alle Fernsehkanäle. Zufällig war ich damals in New York und diese »öffentliche Hinrichtung« ließ mich nicht mehr los. Milli Vanilli waren eindeutig das Bauernopfer und keiner stand helfend an ihrer Seite. Erstmals in der Geschichte des Grammy mussten Preisträger ihre Auszeichnung zurückgeben, obwohl das Komitee seine Auszeichnung nachträglich mit der Begründung rechtfertigte, man habe den Preis für die »visuelle Darstellung« verliehen. Der Bandmanager Todd Headlee meinte: »Statt eines

Grammy hätten sie für ihre Darstellung einen Oscar verdient.« Die amerikanische Plattenfirma Arista wurde per Gericht auf insgesamt 400.000 Dollar Schadensersatz zur Entschädigung getäuschter Käufer verdonnert und wütende Fans stampfen die Platten mit Dampfwalzen ein. Schließlich strich die Firma mit »Girl You Know It's True« eines der erfolgreichsten Pop-Alben aus dem Katalog.

»Milli Vanilli haben niemanden betrogen, sie wurden laut Vertrag nur für ihre Präsentation bezahlt. Farian hat faktisch nichts verloren. Die Tantiemen bleiben ihm, der Song ›Girl You Know It's True‹ wurde mehrmals gecovert und er verdient immer noch mit. Aber er hat sie nicht nur auffliegen lassen, sondern die beiden Jungs in Amerika auf Schadensersatz verklagt! Und deswegen hat er meiner Meinung nach den Robert auf dem Gewissen«, meint der noch heute schwer betroffene Freund Georgio. Über diesen Prozess lässt sich so gut wie nichts herausfinden, auch Carmen weiß darüber nichts. Georgio nach verklagte Farian die beiden nach dem geplatzten Videodreh auf eine immense Schadensersatzsumme in Amerika, womit sie ihr gesamtes Geld verloren und praktisch pleite waren. Beide waren zu diesem Zeitpunkt schwer drogenabhängig. Im Gegensatz zu Fabrice, der dank seiner Frau und Managerin Kim den Ausstieg schaffte, gelang dies Robert nicht. Die Jahre bis zu seinem Tod waren ein Abstieg bis in die Gosse und mit Demütigungen und negativen Schlagzeilen gepflastert. Er schämte sich und wollte nicht nach München zurück. Carmen: »Obwohl wir regelmäßig Kontakt hatten, erzählte er nie die ganze Wahrheit, wie es wirklich um ihn stand. Sein Satz war immer nur: Macht euch keine Sorgen!«

Frank Farian versuchte 1991 mit neuen Studiosängern – darunter Ray Horton, ein optischer Aklatsch von Pilatus/Morvan – unter dem Namen The Real Milli Vanilli das tote Pferd neu zu reiten, doch das Album mit dem zweideutigen Titel »Moment Of Truth« floppte.

Ein Jahr nach Rückgabe des Grammy, am amerikanischen Feiertag Thanksgiving 1991, unternahm Robert Pilatus einen von angeblich mehreren Selbstmordversuchen. Er wollte sich vom Hotelbalkon am Sunset Boulevard stürzen. Danach absolvierte er einen Drogenentzug in einer Klinik in Tucson, Arizona. Dort besuchte ihn Carmen, um an einem der vorgeschriebenen Familienwochenenden teilzunehmen. »Aber er hatte überhaupt keinen Willen, die Drogen aufzugeben.« Kurz nach dem Tod des Vaters war auch die zuckerkranke Mutter gestorben, die Carmen bis zum Tod pflegte. Sie hatte zudem eine kleine Tochter und kein Geld, um ihrem Bruder beizustehen.

Pilatus und Morvan versuchten 1993 ein Comeback und sangen auf dem Album »Rob & Fab« tatsächlich selber. Trotz wohlwollender Kritiken – sogar im Musikblatt »Rolling Stone«, das meinte, ihr Gesang sei ausdrucksstärker als der von Whitney Houstons Ehemann Bobby Brown – fand es nur 2000 Käufer.

In den folgenden Jahren wurde Robert Pilatus wiederholt wegen diverser Delikte wie Einbruch, Vandalismus und Körperverletzung verhaftet und mehrmals zum Drogenentzug verdonnert. »Aber er muss nebenbei irgendwelche Jobs gemacht haben, um sich seinen Drogenkonsum zu finanzieren, welche, möchte ich gar nicht wissen, und er wollte nicht darüber reden«, so Carmen. Als Robert im Februar 1996 wegen eines Überfalls mit Körperverletzung mehrere Monate Haft drohten, kam Hilfe von unerwarteter Seite. Frank Farian überwies die Kaution von 150.000 Dollar. Ob nun aus schlechtem Gewissen oder um als »letzter Freund von Robert Pilatus« auch in der Presse gut dazustehen, ist letztendlich Spekulation. Klar ist, der gefallene Ex-Milli-Vanilli-Engel war nicht nur deutschen Medien immer noch eine fette Schlagzeile wert.

Im Herbst 1998 kehrte Robert mit blondem Kurzhaar zu seiner Schwester nach Deutschland zurück. Frank Farian hatte ihm in Aussicht gestellt, ein neues Projekt mit ihm zu machen, »aber Robert war aufgrund seiner fortgeschrittenen Sucht längst nicht mehr geschäftstüchtig«, so Carmen. Ihrer Behauptung nach erhielt Robert von Farian eine feste, monatliche Summe von etwa 5000 Mark, die er ausschließlich in Drogen umsetzte und immer mehr Geld von seinem Ex-Produzenten forderte, der sich um einen Therapieplatz bemühte, den Pilatus schließlich im November im Klinikum Lahr, Oberberg/Hornberg, antrat. Für die Schwester wurde der Aufenthalt ihres Bruders in München zum Alptraum. Er randalierte, bedrohte Freunde, trat Scheiben ein und rastete einmal so aus, dass sie die Polizei zu Hilfe rief. Ein Trick, aus Farian noch mehr Geld herauszuholen, sei Roberts Behauptung gewesen, er könne bei Carmen nicht mehr wohnen und müsse sich eine eigene Wohnung nehmen. Seitdem erklärt Farian, die Familie hätte Robert im Stich gelassen, und belegt dies mit einem Brief an seine Lebensgefährtin Ingrid Segieth: »Ohne dich und Frank wäre es um mich viel schlimmer bestellt. Mich haben alle fallen lassen, Freunde und Familie einschließlich.« Carmen dazu: »Mein Bruder war ein einziger Dollarschein und hat alles getan, um an Geld zu kommen – für Drogen. Woher hätten wir solche Summen nehmen sollen?« Als Robert seine Therapie in der Oberberg-Klinik antrat, hatte sie zum ersten Mal das Gefühl, dass er es schaffen würde. Dort wurde auch festgestellt, dass er bereits einen verschlüsselten Herzinfarkt erlitten hatte.

Im Anschluss an die Klinik wollte ihn Frank Farian zu einem weiteren Entzug nach Sri Lanka schicken. Davor besuchte Robert ein letztes Mal seine Schwester in München. In der Nacht vor seinem Abflug nach Sri Lanka sei er voll gepumpt mit Drogen nochmals bei Farian aufgetaucht, der ihn zurück ins Hotel schickte, weil er anscheinend seinen desolaten Zustand nicht erkannte. Als Farian und seine Freundin Ingrid ihn tags darauf im »Arcadia Hotel« abholen wollten, lag er tot in seinem Hotelzimmer vor dem Bett. Die Obduktion ergab Tod aufgrund einer Mixtur diverser Drogen, darunter Tabletten, Kokain und Alkohol. Robert Pilatus verstarb mit 33 Jahren in der Nacht zum 3. April 1998.

Auch um die Beerdigung in München ranken sich diverse Ungereimtheiten. Als Farians Freundin Ingrid telefonisch Roberts Schwester über dessen Tod informierte, hätte sie erwähnt, die Beerdigung in

Bad Homburg sei bereits arrangiert. Carmen wies auf das Familien-
grab der Pilatus in München hin, aber »eigentlich war ich nur noch
eine Statistin, denn vom Sarg bis zum Grabschmuck war schon alles
entschieden.« Man hätte Robert ein Trikot seines Lieblingsfußballers
Ronaldo angezogen, aber seine Habe hätte sie bis auf den heutigen
Tag nicht erhalten. Möglicherweise ging es an den bis dato kaum
genannten, unehelichen Sohn von Robert Pilatus, der zum Erben
bestimmt wurde. Von seinem Vater Robert erbte er allerdings nur ein
paar nicht bezahlte Rechnungen der Drogenklinik in Oberdorf, die
Farian nicht mehr beglichen hatte. Auch Carmens Wunsch, bei der
Beerdigung am Gründonnerstag 1998 auf dem Waldfriedhof die Presse
auszuschließen, wurde ignoriert. Frank Farian hatte seinen Kurzauf-
tritt nach dem eigentlichen Zeremoniell in der Aussegnungshalle und
der Ansprache des Pfarrers so geschickt getimt, dass alle dachten, »er
sei plötzlich aus dem Busch gesprungen«, so die einhellige Meinung.
Er warf eine Rose ins Grab und erklärte dem Sender SAT 1: »Robert
wird mir noch lange in Erinnerung bleiben, die Beziehung war sehr
intensiv.« Fabrice konnte aufgrund seiner Visaprobleme aus Amerika
nicht ausreisen, Georgio war mit alten Freunden aus den Breakdance-
Zeiten da. »Als dann der Song ›I Believe I Can Fly‹ von R. Kelly lief,
waren wir alle zu Tränen gerührt.«

»I used to think that I could not go wrong
And life was nothing but that an awful song
But now I know the meaning of true love
I'm leaning on the everlasting arms …
(R. Kelly)

Ein Jahr nach Pilatus' Tod sorgte ein anderer, gesichtsloser und
gescheiterter Milli-Vanilli für Negativschlagzeilen. Der 39-jährige
Studiosänger Charles Shaw wurde wegen Betruges angeklagt. Angeblich hatte er umgerechnet rd. 9.400 Euro für Plattenaufnahmen
kassiert, die er gar nicht machen wollte. Fabrice Morvan schlug sich

als Französischlehrer, Moderator einer Karaoke-Show in US-Kneipen und Radio-DJ durch, schreibt heute eigene Songs und träumt von einer Soloplatte. Im Februar 2002 erklärte er dem »Stern«: »Wir hatten täglich Angst vor dem großen Outing, tranken viel zu viel, probierten Drogen ... es gab viele Leute, die es angeblich gut mit uns meinten ... Rob und ich waren sehr unterschiedlich. Er konnte sich nie damit abfinden, dass der Ruhm plötzlich vorbei sein sollte.«

Frank Farian kündigte mittlerweile das Buch »Money for Nothing – The Milli Vanilli Story Behind The Music« zum geplanten 30-Millionen-Dollar-Film »One Of The Most Shocking Moments In Rock 'n' Roll« an.

Wie meinte Robert Pilatus in seiner schlimmsten Stunde? »Wir wollten die Leute unterhalten, und wir haben Illusionen geschaffen.«

Danksagung

Die Autorin dankt allen für die großzügige und tatkräftige Unterstützung bei Interviews, Archivmaterial, Recherchen, Leihgaben, Informationen, Videos, Büchern, Zeitschriften und CDs, vor allem:
Ulla Rapp, Filmfest München, Arnold Thüncker, Michael Bentele, Georgio Seybold und Carmen Pilatus (für das tolle Milli-Vanilli-Material), Karl Bruckmaier und den Kollegen beim »Bayerischen Rundfunk«, Bernhard Weber, Jan Plate, Susanne Ofteringer, Steven W. Martin, Michael Zirnstein, Susanne Hermanski und den Kollegen der »Süddeutschen Zeitung«, Ernst Hofacker und der Redaktion »Musik Express«, Wolfram und Debbie Denzer, Hanno Güntsch und der gesamten Amazon-Redaktion, dem Dorling-Kindersley-Verlag und dtv-Verlag, der Musikbibliothek im Münchner Gasteig (ihr seid Spitze!), der »TAZ«, Andrea Wink und dem Exground-Filmfestival Wiesbaden, Werner Pöppel von EMI/Virgin, Günther Fischer, Stefan Prager, Tibor Fredmann, Conny Sü Prem, Günther Butkus und dem Pendragon-Verlag, Arno Frank-Eser, Angelika von Lintel, Astrid und Rüdiger von Hardenberg, Michael Finkenzeller und Team, Teddy Hoersch, Gaby Dos-Santos und dem jourfixe-münchen.de, der Muffat-Hallen-Crew, dem Südbahnhof Frankfurt. Dietmar Häussler, Helge Sasse, Carl-Ludwig-Reichert, Andreas Krieger, Uli Handl, Francesco Dreyfus, Thomas Merker, Rolf Götzberger, Heidi Triska, Birgit Maier, Michael Schwarz, meiner Schwester Andrea Fink und Familie (Soeur Sourire und so), Iris Seidenstricker von Ueberreuter, die das alles eingefädelt hat ... und meinem Lektor Thomas Zauner für seine unendliche Geduld.

Quellenhinweise

Allgemein
Gary Herman/Wolfgang Smejkal: Rock 'n' Roll Babylon – Skandale der Popmusik, Heyne (1999)
Legs McNeil/Gillian McCain: Please Kill Me, Hannibal 2004 (Little Brown and Company, UK, 1996)
Luke Crampton/Dafydd Rees: Rock & Pop – Die Chronik 1950 bis heute, Dorling-Kindersley, 2003
Günther Fischer/Manfred Prescher: We Will Rock You! – Lexikon berühmter Popsongs, Eichborn, 2003
OOR's eerste Nederlandse Pop Encyclopedie, Bonaventura, Amsterdam, 1990
Fred Bronson: The Billboard Book Of Number One Hits, Billboard Publ. INC, New York, 1988
Zeitungen, Zeitschriften, Archive von Abendzeitung München, Focus, The Mail, Männer Vogue, Musik Express, Rolling Stone, Sounds, Spiegel, Stern, Süddeutsche Zeitung, TAZ, Wiener, Die Zeit ... sowie eigenes Interviewmaterial aus obigen Medien und für den Bayerischen Rundfunk.

Die wichtigsten Internet-Datenbanken

http://www.allmusic.com
http://www.imdb.com (The Internet Movie Data Base)
http://www.google.de
http://www.sing365.com
http://www.lyricsondemand.com

Leon Theremin

Albert Glinksy (Vorwort Robert Moog): Theremin – Ether Music And Espionage, University Of Illinois Press, Urbana and Chicago, 2000
Steven W. Martin: An Electronic Odyssey, Filmdokumentation (Video), USA, 1993 (und eigenes Interview mit Regisseur Seven W. Martin)

Soeur Sourire

Florence Delaporte: Soeur Sourire – Brulée aux feux de la rampe, Plon-Verlag, 1996
CD-Booklet: Soeur Sourire – Die singende Nonne, Choice-of-music, 2003
Internet: http://deckers66.homestead.com/
http://www.geocities.com/jeanne_deckers/
http://www.swinginchicks.com/singing_nun.htm
http://www.lespress.de/062003/texte062003/zeitreise072003.html
http://houbi.com/belpop/telexn/20000703.htm (Het Beglisch Pop & Rock Archiev)

Beach Boys

David Leaf: Beach Boys – Die Strandjungen aus Kalifornien, Heyne, 1980
Diverse: Die Beach Boys und Brian Wilson, Hannibal, 1998
Brian Wilson/Todd Gold: Mein kalifornischer Alptraum. Autobiographie von Brian Wilson, VGS Verlag, 1993
Brian Wilson: I Just Wasn't Made For These Times, Filmdokumentation, USA, 1995

Nico

Richard Witts: Nico – The Life & Lies Of an Icon, Virgin Books, 1989
James Young: The End – Reise in die Finsternis, Palmyra-Verlag, 1992
Susanne Ofteringer: Nico-Icon, Filmdokumentation (Video), Deutschland, 1994

Badfinger

Dan Matovina: Without You – The Tragic Story of Badfinger, Frances Glover Books, 2000

Sid Vicious & Nancy Spungen

Fred & Judy Vermorel: The Sex Pistols, Universal Book, Tandem Publ. LTD, 1978
Sex Pistols File, Fotos Ray Stevenson, Omnibus Press, 1978
Keith Bateson: Sid Vicious – The Life and Death of Sid Vicious, a Story in Words and Pictures, Omnibus Press, 1999
Gerald Cole: Sid & Nancy, Roman zum Spielfilm, Ullstein TB, 1987
Deborah Spungen: Einstichpunkte – Eine wahnsinnige Sucht nach Liebe, Droemer-Knaur, 1985

Falco

Peter Lanz: Falco, die Biografie, Molden, 1998
Rudi Dolezal/Hannes Rossacher (mit Andrea Fehringer): Falco – Hoch wie Nie, Romanbiografie,
     Verlag Kremayr & Scheriau, Wien, 1998
Rudi Dolezal/Hannes Rossacher: Falco – The Final Curtain, Videodokumentation, 1999
Pressematerial: Teldec, EMI
Eigenes Interviewmaterial der Autorin von 1983–1994

Kurt Cobain & Courtney Love

Dave Thompson: Nirvana – das schnelle Leben des Kurt Cobain, Heyne-TB, 1994
Kurt Cobain: Tagebücher, Kiepenheuer & Witsch, Köln, 2002
Poppy Z. Brite: Courtney Love, dtv-premium, 1998

Bob Geldof, Paula Yates, Michael Hutchence

Bob Geldof: So war's, Kiepenheuer & Witsch, 1987
Paula Yates: Rockstars In Their Underpants, Virgin Books, 1980
Paula Yates: Fruitcakes – Growing Up with My Parents, Ebury Press, 1999
Christopher Green/Carol Clerk: Hughie and Paula: The Tangled Lives of Hughie Green and Paula
     Yates, Robson Books, 2003
Ed Saint John: INXS – Das erste offizielle Fanbuch. Die Band und ihre Tour, 1992
Petra Raszkowski: INXS On The Road – Das offizielle Tournee-Buch. Hanser, 1997
Eigenes Interviewmaterial der Autorin mit Bob Geldof von 1980–1990

Milli Vanilli

Behind The Music, Fernsehdokumentation VH-1, USA, ca. 1999
Akte 98, Fernsehdokumentation Sat 1, 1998
autorisierte Interviews der Autorin mit Carmen Pilatus und Georgio Seybold
STERN, November 1990, Bericht der Autorin aus New York über Rückgabe des Grammy

Bildnachweis